华为
TRAINING & PRACTICE
训战

庞涛 / 著

图书在版编目（CIP）数据

华为训战 / 庞涛著 . —北京：机械工业出版社，2020.12（2024.10 重印）

ISBN 978-7-111-66928-9

I. 华… II. 庞… III. 通信企业 – 企业管理 – 人力资源管理 – 经验 – 深圳　IV. F632.765.3

中国版本图书馆 CIP 数据核字（2020）第 232293 号

训战是源自解放军，根植于业界学习与发展的科学方法论的学习设计方法，发展完善于华为的战略预备队学习和训练实践，而且伴随着华为的发展，在国内外各种业务中都经受住了考验。它既是一种理念和赋能机制，又包含具体方法。

本书分为三大部分，即基础篇、实操篇、升华篇，适合想要深入了解和借鉴华为训战结合方法论，把业务赋能、人才培养和学习项目设计打磨得更接地气、更具实效的读者。

华为训战

出版发行：机械工业出版社（北京市西城区百万庄大街 22 号　邮政编码：100037）	
责任编辑：杨振英	责任校对：李秋荣
印　　刷：北京建宏印刷有限公司	版　　次：2024 年 10 月第 1 版第 9 次印刷
开　　本：170mm×230mm　1/16	印　　张：18.5
书　　号：ISBN 978-7-111-66928-9	定　　价：79.00 元

客服电话：（010）88361066　68326294

版权所有 • 侵权必究
封底无防伪标均为盗版

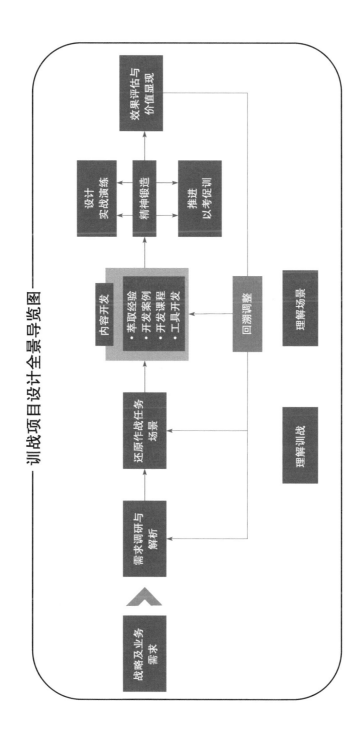

目 录

推荐序一　钢铁是这样淬火的
推荐序二　让企业学习力成为商业的驱动力
推荐序三　大道至简，悟在天成
前言　为什么写本书

第一篇　基础篇

2	第1章　理解训战才能驾驭训战
5	训战提出的三大背景
10	训战1.0：搭建基本框架
12	训战2.0：走向业务实战训练深水区
18	训战是颠覆，更是回归

21	第 2 章	理解场景才能把握关键
24		什么是场景和场景化学习
29		为什么场景化是训战落地的关键抓手
37		场景化学习的常见方式及华为的特色

第二篇　实操篇

46	第 3 章	校准：对标业务需求
46		对准顶层业务需求，摆脱评估纠结
49		需求的三个层次和六种形式
57		三张表把握需求调研分析的实操要点
64		需求调研实战中的两大核心抓手
69	第 4 章	蓝图：还原任务场景
71		上接战略、下接绩效的金钥匙
75		如何拆解四类关键任务
79		还原典型场景的四个要素
82		区别两类任务场景的差异
85	第 5 章	收割：萃取组织经验
85		华为对于经验的体会和认识
88		组织经验萃取发挥业务价值的六大场景
97		华为面向过去的经验萃取
100		华为面向未知领域的项目登舰

第 6 章　取材：开发实战案例

- 107　正本清源：华为这样理解案例
- 110　案例在华为应用的五大场景
- 113　大型复杂案例开发思路
- 119　中小型案例开发方法
- 125　案例取名和润色

第 7 章　转化：设计实战演练

- 129　没有演练，技能学习难以落地
- 132　两类常规演练的开发要点
- 137　复杂场景实战演练开发要点

第 8 章　检核：推进以考促训

- 155　体验华为的"考军长"
- 158　以考促训是对学习设计的颠覆式思考
- 164　设计与落实以考促训
- 166　以考促训的延展：以赛促训和以战代训

第 9 章　出鞘：华为训战的精神锻造

- 176　精神锻造不是走形式
- 180　精神锻造的内核是三感营造
- 184　华为训战中精神锻造的做法

第 10 章　衡量：训战项目的价值评估与显现

- 194　两个导入案例
- 197　华为大学的绩效评价启示
- 200　理解项目价值评估的几个真相

202　梳理业务价值链做硬展示
206　用好感性力量做软呈现

第三篇　升华篇

216　第 11 章　面向未来的训战

217　面向未来的真实世界中的 K12 教育实践和趋势
220　假如记忆可以移植
227　未来的训战样貌预测

232　第 12 章　联姻行动学习和绩效改进

234　训战与行动学习的三同三异
238　训战与绩效改进的联动
243　训战与行动学习和绩效改进的统合增效

247　附录 A　训战在其他企业实践的案例

254　附录 B　华为训战的精品培训

263　参考文献

推荐序一

钢铁是这样淬火的

2020年8月10日,《财富》杂志发布了2020年世界500强企业名单,中国共有133家公司上榜,超过美国(121家)。尽管有人说,这只是大而不强,没有什么特别了不起的意义,但是,我觉得这是非常有意义的!相比于2000年时,美国有179家,日本有107家,中国只有11家,我们能不为之骄傲吗?它标志着中国在现代工业文明中的崛起,每一位中国人都值得为之高兴和骄傲!兴奋之余,我们更应冷静地看到,这是一大批跑在市场经济前沿的中国企业在管理上的胜利。它们的崛起靠的绝非运气。它们的崛起,既不是简单运用西方管理理论和方法的成功,也不是传统"国学"的妙用所致,而是在激烈的市场竞争中,企业家精神与基于科学技术运用的创新创业之美妙结合所致。这其中,企业大学发挥了极其重要的作用!

2019年7月,我们睿华创新管理研究所夏季论坛的主题是"让最优秀的人培养更优秀的人：企业大学的价值创造逻辑"。来自全国各界的专家对企业大学的形成、发展和战略作用，人才培养的模式及其运作等，做了相当深入的系统讨论和分析。参与创建华为大学（以下简称华大）的原常务副校长姚卫民先生和相关负责人陈志敏、郑志燕女士在论坛上分享了他们的华大经验和见解。与会的企业家，对华大行之有效的培训与场景相结合、与业务项目相结合、与价值观和奋斗者文化相结合的"训战结合"模式，印象极为深刻。

作为一名长期研究中国企业创新与竞争战略的学者，我特别高兴地看到，有越来越多的中国企业家和经理人认识到，"管理才是真正的蓝海"，而管理者的队伍就是在"训战结合"中得以最有效的成长的。

作为中国企业崛起的模范生，华为在33年的奋斗中成为2020年全球500强中位居第49位的企业，而且还是在美国举全国之力和全球影响力之力的全面打压下，从2019年的第61位上升的企业，怎能不令人钦佩？透过种种迷雾，我们看到了华大的独特作用！随着更多"华为人"进入更多的中国优秀企业，华大不仅成为华为成功的关键平台，更成为为中国更多企业培养卓越经理人的重要摇篮，成为造就大批卓越管理和创新人才的"黄埔军校"和"抗大"。

本人在浙江大学管理学院院长任上，曾经作为"引导员"，有幸亲身经历、目睹并参与了华大的人才培养活动。时间不长，但印象深刻，获益匪浅。其理论与实践相结合、精神价值观与管理技能相结合的"训战"，通过一线经理人员现身说法，以及将专业培训师与外部专家学者的理性点评、心智启发相结合，所形成的一整套将文化、理念、理论、方法、工具与实践紧密结合在一起的管理人才培养模式，与世界一流名校的 MBA 教育大相径庭！本人不禁为之惊叹，也为之赞叹！

当年我做"引导员"的时候，正值华为推行"不让雷锋吃亏"和"力出一孔，利出一孔"的价值观。正是这样一种核心价值观和管理理论，以及将实战需要及工具等系统结合的人才培养模式，使得华为这家科技创新引领的公司，能够在全球做成常人所不能做之事，将那些西方强国企业在艰难困苦条件下不愿做也不能做的事情做成功，取得了卓越的成绩，走到了世界的最前沿。从华大创办之初，任正非先生说"华大一定要办得不像一所大学"，到现在的"华大要成为将军的摇篮"，可以说，华为的成功，华大功不可没。而华大的成功就在于它走了一条与常规大学不同的"训战结合"之路。

此次，有幸提前阅读了庞涛先生的新作《华为训战》。细读下来，不禁眼前一亮。作为受过严格科学训练的浙江大学本科和硕士校友，特别是作为我所任职的浙江大学管理学院的硕士校友，庞涛以其在华大工作多年的亲身感受，加上自己的科学素养和理性观察，写出了这本集科学理性与激情艺术于一体的《华为训战》，显然与众不同。

近年来，在华为工作过的干部，以他们的亲身经历加上自己的思考而写作成书的越来越多。但是像庞涛这样，具备严谨的管理理论和方法背景，又沉浸华为具体工作多年的人来写华为的经验，确实不多见。他并非只是阐述事实，而是基于亲身经历，把华为严格的管理流程和体系与国际先进理论、方法和工具进行关联、对比和提升，进而感悟出自己对理论、方法体系的认知，特别是能够从中提炼出相应的重要原理和概念，这非常难能可贵。比如对"高阶""概要"等概念由浅入深的引经据典式讨论以及具体案例和场景的关联，他都做了非常生动的描述和分析，通俗易懂而又"顶天立地"。

在本书中，作者首先从对"训战"理念的理解出发，指出这是一种循环赋能的机制，然后再落实到具体的解决问题的方法，使全书形成了一个非常严谨和完善的体系。本书在内容上循序渐进，读起来确实能让人感受到这是一种从理念到实践真正行之有效的思想体系、概念体系和方法体系。本书的系统性很强，干货满满，但是作者也非常坦诚地指出，本书所适合的对象是谁，怎样才能读好本书，甚至"自残"地告诉大家，什么样的人不适合读本书。非常有意思。

本书结构简练，层次分明，共分三篇，从基础篇到实操篇，再到升华篇。值得一提的是，与常人从"讲什么"开始的逻辑不同，作者采用的是优秀者的"套路"——从阐述"为什么"开始。开篇，他就很扎实地讲"为什么要训战结合"，"训战"的底层逻辑是什么，以及这种逻辑从 1.0 到 2.0 的升华。在第二篇里，他列举了大量的案例，内容生动而活泼。可贵的是，他让人在学习那些具体案例和方法的同时，还能够提升——感悟到这些具体做法之上的，与世界一流的理论和方法相比不同但又相互融通的东西。它不是简单的就事论事，而是从具体的事上升到对事物背后规律及模式和流程的感悟，触类旁通，非常有实战价值。读者看了这些内容后，会不由自主地产生"跃跃欲试"的冲动。在最后一篇"升华篇"里，他大胆跳出时间的限制，"站在未来看今天"，以他自己对新一轮科技革命的理解，充满想象力地设想将 AI、AR 等新型技术平台用于"训战结合"新场景的可能性。特别有意思的是，他还对 K12 教育面向未来的教育实践和趋势进行了推演，这些看似跟企业大学关系不大，但是他提出的新模式和可能的场景对企业大学非常具有启发意义。

正如浙江大学的老校长竺可桢先生所说："大学所实施的教育，本来不只是供给传授现成的知识而（是）重在开辟基本的途径，提供获得知识的方法，并且培养学生研究、批判和反省的精神，以期学者有自动追求知识不断研究的能力。"我认为，本书达到了这样一种境界，它有非常生动的案例、方法、工具等内容，但是它并不是只限于此，而是为读者提供了进一步实践、改善和提升的路径，这才是本书的真正意义之所在。

结束以上的赘述，我热诚地向各位读者推荐本书。作为浙江大学管理学院的老院长，我也为有这样优秀的学子而感到由衷的高兴。相信在中华民族的伟大复兴中，会有更多这样的优秀青年人才。也正是他们这种善于学习、在学习中提升，并且勇于创新的精神，使得中国的经济社会迅速地从追赶进入"超越追赶"的新阶段，也让我们这些从贫困中走出来的"百年未遇之大变局"的亲历者对未来充满信心！

吴晓波

浙江大学社会科学学部主任、

浙江大学求是特聘教授、

《华为管理变革》作者

2020 年 8 月 28 日于浙江大学求是园

推荐序二

让企业学习力成为商业的驱动力

2019年1月,我有幸受到华大执行校长海燕的邀请,参加了华大内部举办的"思享会"。在风景宜人的松山湖华为欧洲小镇,我及TCL大学的几位同事与华大诸多同行有了比较深入、透彻的交流,也就在这样的场合,我与庞涛老师结缘。

在第二天的圆桌对话环节,庞涛老师恰好是其中一个话题——"学习如何对准实战"的主持人,他在现场精彩巧妙地穿针引线,给我和当时参与的TCL团队留下了深刻的印象。听闻他要出版新书《华为训战》并邀请我作序,稍做犹豫,我便欣然应允。

之所以犹豫,是自觉对华为知之甚少。多年以来,特别是近两年,华为备受关注,广受赞誉,引发许多企业竞相学习与模仿。诸多因各种原因离开华为的"前员工"活跃在培训、咨询行业,华为所谓的"狼性文化""以客户为中心"的核心价值观,以及在"华为活力引擎模型"中所表述的"人力资源的水泵——以奋斗者为本,长期艰苦奋斗"的用人理念等，都经由他们进行了传播和分享。即便是局外人，现在对这些概念也是耳熟能详。然而，能够有效应用这些理念的企业为数不多，甚至有些理念的应用走向以偏概全与水土不服。事实上，华为管理哲学中出现的诸如"混沌""耗散结构""场"及"熵"等科学术语在企业管理中的应用，鲜有人探究，让人如雾里看花，难得究竟。2016 年，任正非先生在一次座谈会上曾讲道："没有正确的假设，就没有正确的方向；没有正确的方向，就没有正确的思想；没有正确的思想，就没有正确的理论；没有正确的理论，就不会有正确的战略。"学习华为的理念与方法但效果不佳，或许是因为学习到的只是皮毛？好吧，能够进行哲学层面思考的企业人本就寥寥，让我们暂且放下哲思层面的探讨，思考一下如果要有效地学习华为，特别是在方法论层面，到底该从何处入手？

绕不过去的一定是华为的"训战"。华为训战在业内大名鼎鼎，但此前除了"训对准战""仗怎么打，兵就怎么练"之外，其实我们很少看到系统的阐述和交代。本书填补了市面上这一领域的空白，而且作者来自训战的摇篮——华大，他在这个领域有深厚的专业功底和实践积累。本书探讨的核心问题有：到底什么是训战？训战提出的业务背景和被赋予的使命是什么？训战是如何实现提升学习效果、加速关键人才培养的？训战瞄准的业务场景和需求是什么？你应怎样将学习和人才培养项目在一开始就对准企业的顶层业务需求？如果你的企业要实施训战结合的学习或人才培养项目，其中的一些关键技术方法应该如何运用？随着技术的发展，训战可能演化的路径和样貌是什么，它又会给我们带来怎样的启示？

带着对这些问题的好奇，我先睹为快。全书读下来，有几个很深的感受。

精：训战内容林林总总、包罗万象，但作者没有试图面面俱到，而是聚焦关键问题（在前言里就开宗明义地谈到训战方法论框架及内容取舍的原则）展开详细的介绍，全书脉络清晰，让读者可以比较精当地把握训战方法的来龙去脉。

实：实在、厚实、实战，这是本书最为突出的特点。首先是实在，本书不仅提供了流程方法，而且配有实际案例；其次是厚实，作者力图解析训战背后的原理，而不是仅仅停留在介绍华为训战的做法和案例；最后是实战，对于一些诸如华为青训班、C8协同这样的案例，作者给予了全面的披露和解析。企业在设计自己的训战项目时几乎可以照猫画虎般地进行模仿、对照，继而优化、迭代。

公：尤为难能可贵的是，作者立场公正客观，倡导华为训战，但又不执着于华为训战。本书不少地方都从一个略为超脱的立足点去解析华为训战，指出了训战的适用边界，这得益于作者深厚的专业功底，以及在此之前他在优秀外企的扎实训练，使其可以较为自如地、客观地、抽离地分别从华为的内外部视角去审视训战的方法。在第10章，作者更是带领读者充满想象力地穿越到未来，我在读这章时感觉仿佛进行了一场时光机游戏，未来触手可及，感觉很是过瘾。

值：本书提及的一些核心问题，同样也是困扰许多企业的实际问题。训战的价值在于对业务的响应与支持，对人才的加速发展，激发企业不断"熵减"，经由实训、实战培养一批批能"带兵打胜仗的将军"，同时，在训战的全过程设计、实施中，积淀组织智力，避免"组织失忆"。

训战源自部队的一种训练理念与方法，不难看出这其中有华为创始人早年从军经历的烙印与偏好，经过华为多年的企业化实践与提炼，伴随着华为从单一业务到多元业务的发展，经历了国内外各种业务体量和规模的考验。由于作者亲历其中，对其进行了提炼和总结，其用心，读后自知。

"死亡是会到来的，这是历史规律，我们的责任是应不断延长我们的生命。"我们每个人都拥有这样的责任，也祝愿每家企业都能够成为一个生命中美好的存在。

期待本书能够尽快跟业内读者见面，并带动企业学习力成为商业驱动力。

许　芳

TCL 大学执行校长

推荐序三

大道至简,悟在天成

我跟庞涛是宝洁的"校友"[一]。在我进华为之前,他就时不时地发来一些业界营销和渠道的动态来跟我探讨。后来时间一晃,我们先后进了华为。我在消费者业务部做品牌营销,而他去了华大。不过,他勤学善思的习惯一点儿没变,还是经常拿一些渠道的业务观察来跟我碰撞交流。所以,听闻他离开华大短短半年时间,就要出版新书《华为训战》,我并不感到意外。

在华为内部,"训战"当然是热词。老板和业务部门天天提"训战结合""以考促训""四组一队"等,我自己也参加过一些训战专班。说实话,刚开始更多的是作为学员来感受和体验,觉得学习强度和压力很大,课上案例和作业量也很大,特别是训前还要上学习平台自学和考试,有点不太适应。

[一] 两人之前都曾任职宝洁。因为宝洁大部分是校招,好比加入了一所叫作宝洁的学校,所以离开后以"校友"互称。

后来，我逐渐体会到，华为的训战跟之前所经历的其他企业培训最大的不同，就在于高度对准实战。它突出表现在三个方面。第一，出发点往往是业务问题，例如华为终端大店、旗舰店到底应该怎么快速打造和复制，全场景业务如何快速破局。第二，课堂培训往往只是一部分，训前自学，尤其是训后的项目历练和实战演练，才是更加重要的促进学习转化的手段。具体可以参见终端的西点训战案例和本书第2章提到的青训班案例。第三，往往是循环赋能。来参加训战的都是一线有实践经验的业务同事，他们在课堂上就实际的业务问题进行深入的演练和研讨，在实战项目中磨砺自己的技能或者想法，打开思路获得方法，然后在更高的认知起点上回到战场上去作战，这样就真正实现了理论和实践的统一和融合。

在我看来，训战的意义和价值也可以概括成以下三点。

快速赋能

业务不等人，但企业大了，战略业务场景增多，都急需人手支持。这时，该怎么办？除了加大外部招聘力度外，通过训战的方式从内部快速培养一批种子并不断循环赋能、滚动发展是一种不错的思路。训战让公司很多隐性的知识和经验成文化、流程化，通过在线学习和集训演练将这些经验和知识快速传达下去，使员工做好初步的准备。

积累打法

很多时候，业务该怎么突破，没人知道，尤其是现在业务节奏越来越快，无人区越来越多。这时，该怎么办？华为的做法就是派战略预备队进行集中的探索和实践，然后复盘总结他们的阶段性成果，华为的 5G 战略市场突破和终端旗舰店项目都是这么做的。

助力变革

训战和战略预备队还可以承担"转人磨芯"[1]的使命。通过训战，可以清晰地传递公司的变革理念，使得上下同欲，为变革做好准备。2019 年，风云突变，华为消费者业务面临重大挑战和冲击，中国区一下子成为承重墙和公司的塔山级战略市场，原计划在 2～3 年内完成的渠道及零售变革不得不提速至半年到一年内完成。这些变革就是通过一系列训战贯彻落实下去的，为此公司将之后所有的训战都命名为"塔山特训营"。

感谢庞涛能够结合自己的项目实践和思考，把训战的方法总结出来，分享出去，惠及整个行业。"仗怎么打，兵就怎么练"，如此质朴的语言却蕴含着学习和训练的深刻洞见，"大道至简，悟在天成"，而本书就是帮助你领悟训战真谛的一把钥匙。

王　斌
蒙牛集团总裁助理、
华为消费者业务原东北欧负责人、
华为荣耀品牌原营销负责人

---

[1] 指通过队伍的流动轮转来打磨精神意志。

前　言

为什么写本书

刚刚加入华大时，因为考虑到我已经比较资深了，导师给我做入职介绍时比较简略。虽然她列了一张详细的索引表，但是很多东西都是一带而过，唯独到了华大学习项目设计方法论时，她提醒我："Eric（我的英文名），我知道你从培训业界来，做学习设计已经很有经验了，但华大的训战真的是一个很宏大的系统，这里的方法论我们都提供了模板和过往设计经典学习项目的样例，你抽时间好好消化一下，有问题我们随时交流。""哦，好的。"我说。

当晚，我回到宿舍就打开"武器库"，把几个经典项目的设计范例下载下来仔细研究。看了一会儿，我回过神来，这不就是 ADDIE 嘛！需求分析是 A——分析（analysis），高阶和概要设计是第一个 D——设计（design），详细设计开发是第二个 D——开发（develop），实施与评价是 I（implement）与 E（evaluate）。华为这也搞得太麻烦了，每一个阶段都要提供详尽的分析报告，还要华大和客户双方"签字画押"。跟内部客户沟通，简单地把主要发现、整体框架说清楚不就完事了嘛，我们之前在外企都是这么做的，华为这是用高射炮打蚊子啊！我的脑海中不由地浮现出《疯狂的石头》里经典的抱怨——"费这事干吗，一大榔头下去不就得了"，心里暗自发笑。

接下来，我继续按照自己以往的设计思路和做法参与了几个项目，过程也挺顺利，没啥问题，直到我遇上自己独立担任架构师操盘的一个大学习项目——"零售包产到户赋能"。这是华为消费者BG（business group，业务集团）大中华区跟华大的第一次正式合作。头一回在深圳碰面，客户就主动问起我说："听说华大做项目都有高阶、概要分析，非常科学而专业，你们调研完也做一个，我们对标清楚再往下走吧。"什么？高阶、概要分析？我脑海里掂量着这两个模模糊糊的概念，回答说："好，好。"

就这样，我回来后重新调出高阶、概要分析的模板和范例，仔细审视，才发现它们真不简单。要撰写一份清晰的高阶、概要分析报告，非有深刻的业务理解、充分的业务调研和深厚的学习发展项目开发与设计功底不可。看似复杂的报告只是一个载体，洞察和思想才是内核。在接下来的时间里，我带着项目组两周跑了5个省、10个地级市，实地走访门店50余家，访谈各层级同事和客户近百人，终于拿出了一份有分量的高阶、概要分析报告。在会上客户一锤定音：就按这个方案建议操作。

项目完结后，业务委托方的项目经理才跟我提起："庞老师，你不知道，当时跟你们合作，其实我们心里挺没底的，内部反对的声音也不少，但是那次高阶、概要分析汇报一结束，就没有人再反对了。因为我们感觉你们脉号得准，业务问题理解得透彻，这种专业的洞见正是我们需要和想学习的。"

这段经历让我体会到，在华大做学习项目设计跟之前在企业做课程设计与开发，至少有三点是不同的。

（1）**内部不但收费，而且收费还不便宜**。很多人都知道华大是自负盈亏、对外收费的，其定价很多时候还高于市场价，因为华大做的都是贴合当前或未来业务的深度定制的赋能或者学习发展项目。除了扎扎实实做好知识收割、复盘共创，华大几乎没有任何现成的内容或方法可以套用。所以，尽管华大的开发难度很高，但是由于项目是真金白银地让内部客户掏腰包，因此对方对于诊断、开发、交付提出的要求也毫不含糊，可以说丝毫不逊于甚至高于对外部顾问的要求。而且华大没有任何理由可以推托说我不懂你的业务，这块我不在内部难以介入，等等，几乎必须做到有求必应。

（2）**训战很多时候都不单单是课程，而是学习和人才发展项目**。华为训战解决的是面向战略场景或业务转型的大规模业务人员密集训练的问题。业务团队都很忙，所以希望课程能够设计得既紧凑又饱满。训战不能只是单纯上个课就完事了，还得在训前设置在线学习，在训中加强实战演练，在训后做好转化跟进，最后再加上答辩评审等，常常是一个跨度长达半年甚至更久的学习项目，而且要在华为全球的机构实施，覆盖几千人。这就要求训战必须按照项目管理的规范和要求设定里程碑和项目关卡，标准化、规范化运作。这也是华大的训战强调分阶段分析报告，并且跟干系人对标达成共识、"签字画押"的原因。

（3）**业务侧久经沙场，要求很高**。过往虽然我也做业务定制类课程，但是通常都是业务部门催着甚至求着赶紧交付，质量过得去就行了，过不去也没人认真计较。因为培训或人力资源部门终归要跟全公司的人打交道，大家抬头不见低头见。而华为的委托方常年跟华大打交道，学习能力超强，加上又付了钱，总是推着我们精益求精、推陈出新，所以能让他们满意，比在市场上赢得甲方的认同还要困难。

因此，如果说以前我也还算是个手艺精湛的厨师，但充其量做的就是几个家常菜，华大的项目基本上都是宴席，规格和难度大不相同。我从开始的看不上、看不懂，终于转变到后来的看明白、摸清楚。我在外企做学习和发展项目这些年，也可以称得上是训练有素、见多识广了，但来到华为和华大我还是被深深地震撼了。华大真是扎扎实实地开展研究，认认真真地对待每一个学习设计项目中的专业问题，并且深度整理和不断实践，终于将训战锻造成独树一帜的业务赋能方法论。

随着中国经济的快速发展，越来越多的中国企业实现了业务局部领先，随之而来的则是跨领域、跨国的拓展和转型。在这个过程中，人才的供给和培养起到了至关重要的支撑作用。然而，大部分企业发现，自己在培训和发展上的投入不少，结出的果实却寥寥无几。有没有一种经过了实践检验，被证明对加速关键人才培养、提升学习转化和效果行之有效的方法，这种方法最好也经过中国组织和文化实践的洗礼和验证？我觉得华为的训战方法论是你值得拥有的选项之一。

它脱胎自业界科学的学习设计方法，发展完善于华为战略预备队的学习和训练实践，而且伴随着华为从单一2B到2C再到云和5G等新业务场景的发展，在国内外各种业务体量和规模上都经受住了考验。然而，由于华为官方披露的资料相当有限，不少人凭借一部分道听途说加上自己的揣测，将其演绎得越来越神秘莫测和模糊不清。有人将其视为包治百病的灵丹妙药，有人则把它看成不过是披着华为外衣的一种普通教学方法。这两种看法当然都是错的。

本书试图还原真实的华为训战，从理念到方法，从消化到创新，主要回答如下核心问题。

◇ 到底什么是训战？训战提出的业务背景和被赋予的使命是什么？
◇ 训战是如何实现提升学习效果、加速关键人才培养的？
◇ 训战瞄准的业务场景和需求是什么？你应怎样将学习和人才培养项目在一开始就对准企业的顶层业务需求？
◇ 如果你的企业要实施训战结合的学习或人才培养项目，其中的一些关键技术方法，如组织经验萃取、实战演练设计、案例开发、以考促训等应该如何运用？
◇ 随着技术的发展，训战可能演化的路径和样貌是什么，它又会带给我们怎样的启示？

华为训战方法论框架及取舍

如果让我用一句话来形容训战，那就是任正非反复强调的"仗怎么打，兵就怎么练"。这如何理解？我用图 0-1 来稍加解释。图 0-1 左边代表用实战这个支点去最大限度地撬动训练的人才和业务效益，因为训练只有对准实战才能最大限度地解决问题和加速转化。另外，训战如果只有"训"和"战"，那么就无法让实战当中的经验和教训不断反哺训练，使得训练保持一潭活水。如何做到这一点呢，这就要靠复盘和总结，靠知识收割，不断地从实战中快速地提炼和萃取打法，将其沉淀在组织里，真正对准业务，助力组织能力的提升，如图 0-1 右边所示。所以，我认为训战首先是一种理念，其次是一种循环赋能机制，最后才是一套具体方法,你可以在各个不同的层次领会和贯彻它。

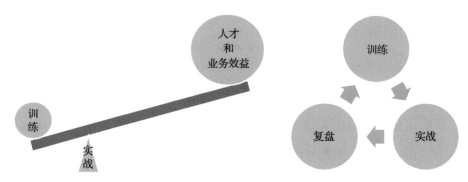

图 0-1　训战内涵示意图

说到具体的方法,大概离不开图 0-2。这是华大做学习项目设计与开发的总体流程图。你会看到,它大体遵循了 ADDIE 的经典方法论,但是更加精细,并且跟华为项目管理的流程规范做了整合对接。

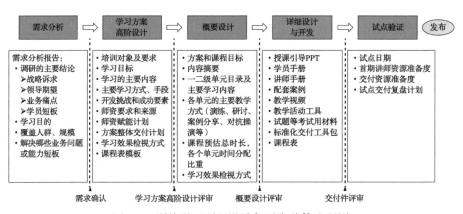

图 0-2　训战学习项目设计与开发总体流程图

从图 0-2 中,你大概可以看出训战方法论并不是一个简单的体系。如果我在本书中面面俱到地介绍,必定不切实际,所以,我必须做出取舍,在尽量还原训战方法论精华的同时,避免浮光掠影。我筛选内容的总体原则如下。

（1）**方法独特**。某些环节如果训战的方法很好，但跟其他标杆企业差别不大，我会选择略过，例如，讲师的认证和分级管理，以及很多同行感兴趣的做学习效果评估的方法等。我在第3章会谈到华为和华大实际上并不鼓励做学习效果评估，所以很遗憾，在这方面难以有什么称得上成功的经验。

（2）**广泛适用**。训战的有些部分很好，但是公司与公司的情况不同，在华为基于华大内部收费且业务非常复杂的前提下，这么做是必须的、天经地义的，但在其他企业可能就需要简化，或者根本用不上，如华大的学习项目内部管理流程，这些我会点到为止。

（3）**表述透彻**。有些题目过于宏大，难以在1～2章里剖析清楚，我会推荐你阅读相关著作，或者另找场合来谈，如复盘和在线学习。

什么人应该读本书，什么人不适合读本书

本书适合想要深入了解和借鉴学习华为训战结合方法论，希望把业务赋能、人才培养和学习项目，包括各种课程，设计、打磨得更接地气、更有实效的朋友，比如：

◇ 工龄在5年以上的大中型企业中高级HR及培训管理者；
◇ 对华为的学习和加速人才培养方法论感兴趣的中高层业务管理者及创业团队；
◇ 期待教学和学生培养更接近实战、更接地气的高校、职业技术院校的老师。

然而，如果你以为从华为学个一鳞半爪就能石破天惊，或者指望通过一本书培养和训练人才从而让团队精神面貌和战斗力脱胎换骨，那么本书可能不太适合你。因为成功本无捷径，人员的训练和培养无论如何实战和高效，仍然是企业对于业务和未来的投资。正如罗振宇在2020年"时间的朋友"演讲中所指出的，"如果你觉得教育的成本太高，那么试试看无知的代价"。

如果在你的企业或行业里，学习和技能提升对业务成功至关重要，或者企业身处转型期，需要对大批员工进行快速的赋能，那么本书可能会给你更多的启发。

本书的结构和读法

本书分为3篇，共10章。

第一篇，基础篇，包含2章。第1章介绍了训战在华为的由来，剖析了训战这套方法如何从一个理念演变成一套完整的方法，也谈到了在外部鲜为人知的训战1.0到训战2.0的演化背景，以及两阶段训战方法论的差别、各自诞生的背景和对准的问题，"纲举目张、执本末从"。希望这一章给你提供理解和运用训战的准绳。在这个基础上，第2章专门谈到了把握训战的关键抓手——场景，因为实战离不开场景。很多时候我们无法亲历战场，这时就必须最大限度地贴近战场的实际场景。如果不能在训练中植入实战场景，会让学习和转化的效果大打折扣。这一章最后分享了华为青训班的案例，对比了华为的场景化训战学习与培训行业中其他常见方式如行动学习的异同。

第二篇，实操篇，共7章，是本书的核心。第3章介绍了学习和人才培养项目如何在一开始就对准顶层业务需求，避免事后滴血认亲式的尴尬。第4章承接第3章和第2章的内容，具体介绍了任务场景的4种类型和还原的4个要素，帮你打造真正上接战略、下接绩效的学习项目。第5章和第6章互为表里。第5章披露了华为开展知识收割（业界称为组织经验萃取）的总体方法，特别是面向未来未充分实践领域的项目登舰方法，堪称华为的创举。第6章再深入一层重点介绍了知识收割里常用的案例萃取和开发的方法。当然，其实知识收割不止这一种方法。第7章谈到了华为饶有特色的实战演练的设计和开发方法，也分享了华为是如何以实战演练为核心设计和开展诸如C8协同这种训战项目的。第8章介绍了另一个非常有华为特色的训战实践——以考促训的设计与实施。考试是不是如我们想象的那样狭隘，考试和比武用好了，到底能够发挥什么作用，第8章会给你答案。除了知识和技能的训练，如何在培训中培养员工的血性，锻造员工的精神，这是很多企业在学习华为的过程中十分关注的问题。第9章专门回答这个问题。

第三篇，升华篇，包括第10章。在第10章，我带你充分发挥想象力，我们先看看企业教育和培训界从K12教育领域近年的项目式学习（project-based learning，PBL）实践中可以获得什么启发，然后我结合AI、AR以及脑机接口技术的发展，大胆地预测了未来技术武装的训战场景。从未来回看今天，可以更好地领悟训战的本质及发展前景。

如果你想按图索骥找到训战的实践方法，将其马上用于自己的项目，建议你读第3~9章；如果你希望全面地了解训战这套方法，更好地看清它跟自己企业的适配性，建议你先读第1、2章，然后再读第3~9章中自己感兴趣的内容；如果你享受发挥想象力的过程，希望了解未来的学习趋势，推荐你先读第10章，并且可以通过我的微信公众号或者邮箱跟我交流你的看法。最后，不管你是哪一类读者，请一定记得随手拿着笔。除了标注和涂鸦，建议你每读完一部分，就合上书，凭记忆整理一下自己记得的内容。认知心理学研究表明，这种费力回想和主动检索的复习方法的效果远远超过把图书涂得花花绿绿的"熟练度错觉"。

  我写作本书时恰逢新冠肺炎疫情期间，空闲时间多，于是我跟孩子一起重温了经典的《哈利·波特》七部曲。其中《哈利·波特与凤凰社》中的一个片段让我很受触动。古板专制的中年妇女乌姆里奇作为魔法部的代表进驻霍格沃茨魔法学校，她给孩子们上第一堂课时，就厉声强调以后的课程将大幅增加理论部分，减少实践内容。虽然赫敏、罗恩轮番挑战，但是她依然不改初衷，一味打压。"你们将通过一种安全无风险的方法学习防御咒语。"她斩钉截铁地宣布。哈利·波特当场铿锵有力地回应："那有什么用？跟黑巫师对战，受到攻击的时候怎么可能没有风险？"辩驳不过同学们的她只能再次搬出魔法部，"魔法部认为，要通过普通巫师等级考试，理论知识已经足够，毕竟通过考试就是教育的目的"。

  看到这里，孩子突然从沙发上站起来，说："爸爸，你知道吗，看了之前的霍格沃茨的魔法学校，你真的没法在现实的学校里读书。""为什么？"他涨红了小脸大声地说："因为那里的课除魔法史以外，全都是动手解决实际问题，而现在我们的课就跟这个女人来了之后差不多，连综合实践课都是读课文。"说完孩子扑通一声坐回沙发，继续看电影，我却陷在他的话里迟迟不能抽出身来。最后我回过神来——是的，11岁的他肯定还搞不清楚什么是训战，但他却凭本能感受到了实战实用的学习那种难以抵挡的天然吸引力。

第一篇

基 础 篇

第 1 章
理解训战才能驾驭训战

> 华为将实行的战略预备队将会是一个长效机制，这种循环赋能的机制是永生的。循环不能终止，训战也不能终止，超稳定状态一定是毁灭华为的重要问题，不是别人打垮了我们，是我们自己打垮了自己。
>
> ——任正非

在开始本章前，我们先看看以下三个情景案例。你可以拿出一支笔，把你的感触的关键词标在旁边。

情景一：督导大比武。 A 省地处西部，其交通闭塞，经济欠发达，因此华为在当地的手机销售生意潜力有限，且当地的培训力量十分薄弱，而华为总部的培训课程覆盖更是远水解不了近渴。80 名零售督导是华为在该省手机零售业务的中坚力量，但他们新老掺杂，素质参差不齐，怎么才能快速而贴近实战地对他们进行培养训练呢？省零售经理经过盘算，干脆横下一条心——材料统一下发，给时间自学转化，搞督导大比武吧。

于是，一场没有老师教、基本靠自学的疯狂学习开始了。两周后，督导全部到省会城市集结，针对产品和服务知识竞答、销售情景演练、POP⊖现场挑战三个考验环节，大家分组进行比赛，决出冠亚季军。台下考核的评委由省级公司主管、经销商老板和操盘手及资深店长组成。这既是比拼，也是荣誉。现场硝烟四起，督导几乎没花一分钱上课，但他们结束时纷纷竖起大拇指说："这次比武，我们的学习长进很大！" A省省级公司将这种大比武形式不断迭代升级，带动A省的相关业务在2019年的同比增长率远超全国平均水平。

情景二：接管门店3小时。2018年年底，华为正式决定加快全品类、全场景产品拓展。全品类销售破局，体验店是重要战场，店长助理成为承上启下的关键人群。对于他们的训练，如何在传统的案例演练和角色扮演的基础上再进一步，更加贴近实战呢？华大与华为零售培训部大胆创新，设计了"接管门店3小时"的全真实战演练。每个小组接管一家真实体验门店，门店原有人员在这3小时里完全撤场，顾客接待和经营业绩由演练小组全面接手负责。然后，整个集训针对门店全真实战场景进行改良，实战演练准备3小时、在店实战3小时、实战复盘4小时依次排开。实战围绕两大核心模块——全品类销售和提升服务体验。课堂学习只占集训30%的时间，而且完全对准实战。门店是最佳实战场景，消费者是最佳的真实挑战，当堂结果是最好的学习检验。

事后统计，99%的学员认为实战演练环节收获最大，且在店实战对比上周同时段实现50%以上的台量增长和54%以上的搭售率提升。

情景三：对准业务搞训练。全场景销售思路和方法在华为自己的团

⊖ 全称为point of purchase，意为售点广告海报。

队推开后，项目组下一阶段的赋能重点转向渠道合作伙伴。B省的渠道老板虽然知道全品类销售的战略意义，但是由于手机比较好卖，销售团队有惯性，加上大家对新上的AI音箱、摄像头、台灯、手环等产品不知道该如何销售，因此大家只是疲于应付，这严重地拖了B省的业务后腿。B省总经理对赋能项目小组放手一搏的想法表示非常支持。

于是，项目组精心挑选了一批真心实意做全产品的合作伙伴，先是对他们进行全员"洗脑"和目标设定。销售团队的目标定了之后再对他们开展赋能，让他们针对陈列露出、封闭特卖会、上门安装等典型场景进行了扎实的模拟演练。紧接着项目组安排了1元体验日、一对三做售后维保等实战任务，巩固销售团队的课堂所学，加强门店销售员跟顾客之间的联系。在这个自己试用、给客户安装、回答客户各种疑问的过程中，门店销售员自然而然地克服了对新品类的恐惧和陌生感，而且对产品知识也自然而然地熟悉起来。项目组再配合每日标兵发红包、月度标兵发手表等激励措施，门店的销售势头很快开始蹿升。

C市的经销商在一周之后整体销量提升了600%，AI音箱、摄像头、台灯、手环的销量都实现了突破式增长。于是这一套定目标、做演练、抓实战的"组合拳"很快在B省和其他地方推广。

以上三个终端销售人员的培训场景，严格来说，都不是特别正统的培训，它们有一个共同的特点：实战实用，属于典型的训战场景。这些案例本书稍后还会做深度的解析，我们先回到"训战"这个主题。"训战"一听就是一个军事色彩浓厚的名词，大部分企业可能都是通过华为了解训战，并将其引入自己的企业从而推广的。为什么训战的应用和推广会在华为发扬光大呢？

这主要基于以下三大背景。

训战提出的三大背景

华为一直从军事思想中汲取智慧

华为总裁及创始人任正非，在 2015 年冬季达沃斯论坛上，首次公开回应曾加入基建工程兵，历任技术员、工程师、副所长，并于 20 世纪 80 年代转业到深圳创业。由于军人出身，他的很多名言名句都跟军事有关，铿锵有力，极具传播效果。例如，外部听得比较多的有"让听得见炮火的人呼唤炮火""黄埔军校就是两条绑腿，抗大就是一条小板凳，为什么能成为中国两所最有名的军校"；内部耳熟能详的用于鼓励团队协同的有"全营一杆枪""四组一队"，以及鼓励集中资源搞攻坚突破的"范弗里特弹药量"等。

很多人，尤其外媒借此攻击华为的管理不透明，华为跟军事机构有千丝万缕的联系云云，其实都是无稽之谈。将军事思想和军事概念融入商业，不但华为如此，中国的许多企业都是这样，这甚至是世界通行的做法。

任正非生于 1944 年，是中国当代企业家中的楷模之一。有媒体统计过，中国当代企业家群体中，有军人背景的占 30% 以上。除了任正非，柳传志、王石、郑永刚等都是其中杰出的代表。原因何在？除了军队强调执行和纪律，军旅生涯的耳濡目染也培养了他们硬朗的作风和果敢的品质。同时，这些企业家也对强调令行禁止、高效执行的军事化管理文化和思想推崇备至。

如果再打开一层思路放眼全球，我们会发现军事思想与商业的交融其实是世界通行的做法。企业界近年的热词"VUCA"，最早就是在 20 世纪 90 年代由美军首先提出的，用于形容冷战后这个动荡多变的时代；而业界闻名的 ADDIE 课程设计方法论，也是加涅和美国陆军在 1975 年合作的产物。另外，美国500强企业的CEO里来自西点军校或者有军队服役经历的也不在少数。其实原因很简单，战争是人类体能与智力竞争的终极形式，而军队是人类组织动员形式的极限，瞬息万变的战场环境与企业今天复杂的竞争形势高度相仿，所以军事领袖与商业领袖在本质上有很多类似的地方，而军事领域的思想也就为企业经营提供了源源不断的智慧。

所以，像任正非这样工程兵出身的优秀企业家，很自然地会借用军事领域的思想和术语打造自己的话语体系，进而影响华为的管理和人才培养。就是在这个背景下，训战结合成为他在内部对华大不厌其烦的叮嘱和期望。2013～2014年，战略预备队机制的酝酿和推出，为将这一理念发展成一整套方法论提供了契机。

战略预备队的推出

跟训战结合一样，战略预备队更是一个彻头彻尾的军事概念，它是指当战争进入关键阶段时，由最高统帅部直接调配使用的后备机动部队。最著名的战例就是苏联卫国战争时期的莫斯科保卫战。在苏德在莫斯科城下展开攻防拉锯的危急时刻，由莫斯科周边的14个师以及从远东运抵前线的30个师组成的战略预备队，在1941年11月7日红场阅兵结束后，就身披战袍直接开赴战场跟德军作战。由于这支精锐后备力量军突然加入战局，胶着的态势向苏联红军一侧逐渐倾斜，最终导致了德军防线的崩溃，苏联最终取得了这一关键性战役的胜利。

2013年，华为创立满25年。一方面，由于4G网络的建设基本完成，华为原来的主营业务——运营商业务进入平稳增长期；另一方面，随着华为进入越来越多元和复杂的业务场景，如终端业务、云业务等，这将导致华为一部分业务领域出现人员和能力过剩，而另一部分业务领域则出现人员短缺和能力不足，因此必须有一种机制来缓冲这种业务起落和人力消长的结构性矛盾。

同时，业务放缓与转型对华为原来以"管理为中心"的大团队作战方式提出了挑战，因为原来大家都是螺丝钉，在总部强有力的指导和支持下开展工作，而现在，华为需要逐步培养一个又一个的"以项目为中心的"专业能力方阵，在需要的时候它们要能像特种部队一样迅速补充到战斗一线，其成员需要像水一样流动起来，循环赋能。

于是，为了应对以上问题，战略预备队的提法浮出了水面。2013年，任正非进一步明确了战略预备队的定位。任正非在重装旅集训营座谈会上的讲话中提到："解决方案重装旅是公司的战略总预备队，担负着传递技术、管理和输送人才的任务……实际也是一个培训中心，不仅是传递技术、产品的过程，也是传递管理和方法的过程。"

这传递了华为一贯的管理要求，即队伍是在战斗中打出来的，而不是在培训中培养出来的。华大要承担的重装旅赋能培训也只是战略预备队提炼和转化知识的一个过程，是战略预备队从实践中来到实践中去的一个环节。这个循环赋能的过程同样考验了企业对业务蓄势以及人员转型持久的耐性。正如在2016年战略预备队向任正非述职时，任正非说的："战略预备队是一个长效机制，不只是三年，过程中内容可能会不断变化，但这种循环赋能的机制是永生的。西方的大裁员缺少继承性，我们是在继承性的基础上不断改良前进，循环赋能实际上就是在改造我们的队伍。"

所以，简单来理解，"战略预备队"是为了配合华为向以"项目为中心"的战略转型建立的一种内部人才储备、锻造和流动机制。

这里补充两句，任正非和华为考虑问题一贯立足于长线思考，稳步推进。战略预备队虽然是在 2014 年正式推出的，但是其前身却可以追溯到 2008 年金融危机之后。那时已有后备队和人力资源池等实践和做法，有兴趣的读者可以自行查找相关资料进行了解，在此不再赘述。

然而，战略预备队作为一种极具华为特色的人才循环赋能和练兵机制，急需找到一个有坚定信仰、有成熟能力的赋能主体来贯彻落实，而赋能的过程离不开一套完整的方法工具来指导和支撑。于是，焕然一新的华大站在了华为大舞台的中央，被赋予了全新的历史使命。

华大的定位和能力转型

华大成立于 2005 年，是国内最早挂牌成立的企业大学之一。任正非早在 2006 年前后就用"黄埔军校"，以及"力争成为'将军的摇篮'"来勉励华大。然而，其实在 2009 年之前，华大并不是今天的全心服务业务赋能的定位，而是跟国内很多企业大学别无二致，主要立足于做通用精品课，把主要精力放在领导力和员工核心素养的提升培训上。

其实企业大学的定位并无绝对高下之分，但华为是一家极其务实的企业，华大当时的实践被认为严重脱离业务当期的主要矛盾，因此很快招致了激烈批评。据当时的员工回忆："任总召集华大骨干座谈大发雷霆的场面至今仍记忆犹新，连一根针掉在地上的声音都能听到。"在这之后，华大迅速做出了调整，开始紧贴业务，对准关键区域、聚焦关键项目，做了一批树立口碑的经验收割项目，如广东 C 网的案例总结，以及一线急需的新生代业务管理者的精品学习项目，如 FLDP（一线管理者能力提升项目），在管理层和重要的地区部迅速树立起标杆影响力。

这样，到了 2013 年战略预备队酝酿成立时，华大终于初步具备了相应的能力。于是从 2014 年起，解决方案重装旅、客户线重大项目部、项目管理资源池三大战略预备队正式上马。华大获得了巨大的发展机遇，全盘接手战略预备队的赋能，华为 30 多个战略预备队马不停蹄地组建和运转起来。这其中战略预备队成员的入池、出池，一年带来的集训人数高峰时期达到了 3 万人。按照任正非的提议，华大必须对内收费，坚持收支平衡，因为"如果说华大不收钱，其实就是华大的灾难，你就会被无穷地调用，直到你累死"⊖。

华大在这种高强度的业务锤炼下不断壮大和完善，也经历了严峻的考验。一方面华大要实战落地地设计和交付相应的赋能项目，另一方面它还要引领各战略预备队和业务部门摒弃经验主义做法，科学专业地对待如此大规模人员的赋能，保证口碑和效果。这在中国企业界是前所未有的挑战和课题。正是在这块肥沃的土地上，专门用于支持业务培训和战略预备队赋能的训战方法论得以总结并应运而生。

所以，我个人认为，训战方法论的提炼形成，一方面是华大从总结业务技能训练的实践中磨出来的，另一方面也是被收费服务的各业务部门逼出来的。因为收了钱，华大必须提供物超所值的学习设计和交付服务，所以与其说华大促成了训战，倒不如说训战成就了华大。而这一切如果要追根溯源，还要归功于华为这台轰隆向前的巨型战车，因为它提供了海量的业务磨砺机会，用进废退，做得越多，炼得越强。反观很多其他企业大学，很多时候即便想插手业务培训，要么是够不着，要么是业务部门欢迎但自身能力不足。企业大学的定位和规划，终究是顺势而为才能避免瞎忙一场！

到这里，我们就可以看明白，华为的训战源自军事领域。任正非借

⊖ 摘自 2014 年任正非在华大建设思路汇报会上的讲话。

用该理念，并在华为内部长期倡导，使华为的训战在战略预备队发育的过程中实战打磨和落地完善，最后由华大概括提炼并发扬光大。

训战1.0：搭建基本框架

从2005年成立一直到2013年，华大一直在实践和摸索，到底怎样才能支撑华为这样一艘"航空母舰"的业务的发展。

2013年，战略预备队兴起，各种需求如潮水一般涌上门来，照理说这应该是一件大好事，但其实它首先给华大带来的是巨大的冲击和挑战。

挑战表现在以下几个方面。

（1）**涌进来的受训人员又多又密集**。集训量从开始的每年1万多人，到高峰期达到每年3万多人。同时由于业务存在淡旺季特征，因此很多时候培训都扎堆出现，在高峰期同一时间华大要在全球各地支持上百个班的集训开展。而且由于华大做的都是深度定制化项目，因此设计开发的流程很长。这边项目的设计开发还未完备，那边授课交付的新需求又冒出来了，从而造成了挤压。这些都给学习项目运营的统一性和效率带来了很大的挑战。

（2）**业务主题艰深复杂，消化理解不容易**。华为涉足的运营商业务属于典型的高风险、长周期、资金密集型的复杂业务，每一块都有很多难啃的专业知识和技术原理。虽然课程的开发和讲授主要依靠业务专家，但华大过往在这一块涉猎不多。如何更快地读懂业务，更有效地跟业务专家合作，甚至主导访谈和引导课程的设计和开发，这里面有实实在在的硬骨头和角色转变。

（3）**业务赋能如何真正落地见实效**。现在的培训要想支持战略预备队员成功转型,或者为区域的重要项目和业务拓展做好冲锋准备,必须进行实战并深度贴近业务。在教学方面,要怎样才能对准业务需求,以此作为起点,科学、高效地完成全过程的设计、交付、评估呢?华大原有积累的偏通用学习项目的专业方法这时就显得比较浮泛,不够扎实和深入,亟待升级。

在这种背景下,华大基于过往的内部培训积累,结合业界的一些方法论,比如最初着力研究了哈佛商学院及毅伟商学院的案例教学法,以及不断总结战略预备队赋能培训的实践和经验教训,提炼了训战 1.0。它的核心思想是三个词:标准化、场景化、案例化,如图 1-1 所示。

图 1-1 训战 1.0 三要素

首先,标准化。每年几万人的培训要在全球各地进行,还要保质保量,这给华大开展教学带来的冲击和混乱可想而知。如何确保培训不折不扣地被消化理解与对准业务需求,长周期学习项目要如何设计和开发,师资如何选拔及认证培养,在线学习又该如何设计和转化,甚至连班主任带班时如何激励学员,比如是用苹果贴还是小红花这样的细节问题都需要统一下来。所以,围绕这些问题,华大设计了训战学习项目管理规范,并且由质量运营部搭建了在线平台。按照标准项目管理的规范程序,训战每一步都需要上传相应的里程碑交付件,并得到干系人批准,然后才能顺利往下进行。由于系统刚刚搭建,流程又烦琐不适应,因此在短时间内,华大内部怨声载道。然而,大原则仍是华为老办法——"先僵化,再固化,后优化"。从大学到业务侧,华大逐渐学会跟着指挥棒,戴着流程的"镣铐"跳舞,先保证不踩脚,再追求舞姿轻盈优美。

其次,场景化。因为华大主要支持业务培训,而且一开始的重点是华为复杂的运营商业务，所以课堂集训要能保证贴近实际，还原真实的业务挑战，确保所教的内容对准实战，其中任务场景的还原是一个很大的难点。颗粒度既不能太大，又不能过于细碎。颗粒度太大，培训就会非常笼统；颗粒度太细，又会导致培训牵扯的内容和知识点过于庞杂，学员学起来就会觉得鸡零狗碎。在这方面，围绕任务场景的各种打法提炼（经验萃取）工具和复盘的初步框架思路都需要建设起来。

最后，案例化。有人可能会问，案例化和场景化难道不是一回事吗？实际上，它与场景化还是有明显区别的。场景化主要谈的是对准业务场景的大的指导原则，以及教学内容和方式如何尽量贴近业务实战；而案例化则更多是从教学手段的角度来谈的。我们都知道，案例教学不是万能的，有些实操性的技能和业务，如研发和供应链，上机实操和现场实操演练才是最重要的。当然，案例在大量涉及解决问题、人际沟通的业务技能培养上还是比较重要的一类载体。另外，考虑到一线和业务部门的沟通习惯，大家一听案例化会觉得容易理解，也更贴近实战，所以华大也把案例化单独拿出来作为一个部分。围绕这个部分，华大总结开发了大案例开发六步法、中小案例的 STAR2 方法论。

靠着这"三板斧"，训战 1.0 搭起了一个基本的框架，总算扛起了战略预备队初期海量人员密集受训的业务。然而，随着战略预备队的训练进入深水区，受训人数提升的同时，场景也日益复杂多样，一系列新问题冒出头来，催生了训战 1.0 的迭代和升级。

训战 2.0：走向业务实战训练深水区

训战 1.0 解决了大规模跨领域业务训练从无到有的问题，时间一长，更多的矛盾暴露出来。

（1）**理念上强调"训"对准"战"，但教学实践中老师的习惯动作还是更多时间讲原理，研讨和演练不充分**。一方面，学员的知识基础参差不齐；另一方面，研讨和演练的设计更加复杂和耗时，这些问题在一开始未得到足够的重视，导致华大欠缺专门的指导思想以及方法论支持。在集训中经常出现这样的现场：原来期望50%～60%的时间用于研讨和演练，但实际上恰恰相反，60%以上的时间用于讲授原理和概念。

（2）**业务侧的兼职内训师习惯干干讲，学员反馈不一**。有内训师的企业应该都有同感，专家最擅长的还是现身说法，讲自己的经验，讲自己的理解，偶尔提些问题，但更多的时候是讲抽象的原理、方法。有些天生自带魅力、思路清晰的老师可以连续讲好几个小时，学员在下面掌声不断，但更多老师的课堂则平淡枯燥。更重要的是这严重挤占了学员宝贵的课堂学习时间，这些时间本来不该花费在对理论和原理的过度拆解上，而应该花在做针对性的研讨和演练，以及业务专家做高质量的点评和反馈上。

（3）**内容细碎，师资调用多，彼此缺乏协同**。因为业务繁忙，加上跨国、跨地区差旅成本高企，战略预备队进行训战时自然希望集中一次能够覆盖更多的知识内容，所以训战1.0时期华大做了大量长时间但知识点相对细小的乐高插件组合式培训，内容特别多、特别碎，一门课要安排好几位老师来讲授引导。这就导致师资之间难以协同和配合。比如针对同一个知识点，内容由A老师讲，案例由B老师讲，因为B老师更了解案例的背景和具体过程。甚至出现过后面讲案例的老师完全不同意前面讲理论的老师的观点的情况，双方互相拆台，班主任和台下学员面面相觑、不知所措。当然,这背后也有业务较复杂等原因。

(4)1.0阶段还是以专业岗位训练为主,缺乏团队协同作战的训练。比如,终端业务在一个低份额国家快速破局上量,往往需要市场、GTM[⊖]、销售、零售、生态及合作伙伴联合推演及紧密协作。但训练却是基于单个岗位如GTM设计开发的,其他岗位缺席或最多旁听。这样无法真正模拟和还原团队协同的作战场景,真正助推团队作战、协同演练。越往后就越发现基于岗位专业能力的训练不能支撑团队方式的协同作战,尤其对一些重要项目的联合推进及新业务、新市场的攻坚爆破而言,更是如此。

如果说第一阶段的挑战是"多""急""糙"的话,第二阶段就是"粗""碎""空",华大必须有的放矢地解决这些问题,训战才能稳步迈上新台阶。于是华大在内部集结精兵强将,并聘请了外部顶尖的专家指导,联合提炼开发了训战2.0的方法。它的特征概括起来是五个词:赋能点、翻转学习、场景化、对抗演练、复盘(见图1-2)。

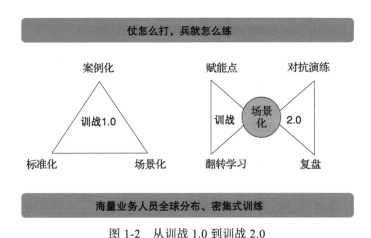

图1-2 从训战1.0到训战2.0

⊖ 全称为go to market,意为市场进入。

赋能点

赋能点源于依据公司业务战略和人才地图而提出的赋能诉求，是用简短的语言讲清楚项目赋的是什么能。比如，解决方案重装旅的赋能点是"提升面向客户的综合解决方案销售能力"。在一个赋能点下可能有一个或多个学习方案以支撑落实组织的赋能诉求。

学习方案则是对赋能点的承接，将赋能点场景化，明确学习主题；课程是将赋能点、学习方案目标拆解为具体的知识和技能。

学习方案目标和课程目标需要从两个层面进行描述：一是从组织层面描述该项目、方案或课程解决了什么问题，二是从个体层面描述需要学员建立什么意识或态度、掌握什么知识技能方法或工具（ASK）。这几者的关系如图 1-3 所示。

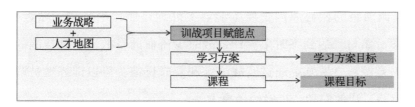

图 1-3　赋能点示意图

翻转学习

翻转学习是为了使课堂学习的效率最高和效果最大化，将基础内容制作成在线课程并前移到训前进行学习或考试的一种方式。前置学习是课堂学习的重要组成部分，也是课堂集训更加实战高效的必要前提。因为前置学习如雨后春笋般地涌现和覆盖，训战项目组开始强制贯彻实施集训课堂学习 70% 以上的时间用于实战演练或研讨的规定。在没有高效的学习平台和充分的前置在线学习内容之前，提出这样的要求是无法想象的。

场景化

场景化是在深刻理解业务背景和诉求的基础上，勾勒学员的核心工作任务和完成任务中遇到的典型雷区和挑战，以此作为梳理赋能点和教学内容的核心输入和靶子。

对抗演练

演练是贴近和还原业务场景下的实战模拟练习和操演。训战学习项目中常见的演练形式包括模拟制订方案或标书等、角色扮演、仿真游戏、实地调研任务及沙盘推演等。

强调演练的核心原因是演练能够更好地还原作战场景、贴近战场、激发学员参与，达到练时多流汗、战时少流血的目的，而且技能的习得需要刻意练习，课堂上通过实战演练和及时反馈，可以训练学员解决问题的思路，让他们学会正确的做事方法。

训战的演练强调通过红蓝对抗、观点碰撞、小组竞赛等方式增加压力和挑战，尽可能模拟还原真实作战过程中的时间和情感压力。对抗演练的设计思路可以参见针对华为交付项目核心八大员（C8）的赋能设计思路（见图1-4）。

复盘

在华为战略预备队，复盘主要是指在作战过程中或者结束后，围绕战略预备队的赋能点，回顾作战目标、结果与过程，总结经验与得失的一种活动。

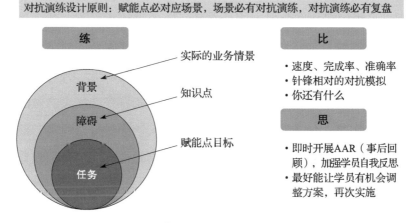

图1-4 华为C8对抗演练设计思路

复盘的形式包括个人学以致用的小复盘和以作战团队为单位的成建制团队大复盘。复盘强调结合训战赋能点与赋能内容，同时紧密围绕作战任务。复盘应按照结构化的方法（如复盘四步骤）展开。团队复盘应该由懂得复盘方法的业务专家进行引导、指导和反馈，特别注意复盘应有输出。输出形式可以是案例、报告等。

可以看出，以上五点的提出，总体上回应了训战1.0阶段涌现出来的典型问题。厘清赋能点要求在一开始就精准地定位赋能范围和内容，避免课堂集训知识内容过于细碎的问题。前置学习是为了将基础知识前移，更多地通过自学和考试完成验收，从而匀出更多的时间进行实战演练。相应地，对抗演练专门总结了演练五步设计法，帮助华大和战略预备队把集训演练做得更加扎实有效。复盘则区分了大小两种复盘，以匹配适应更加灵活多变的训战项目需要。值得一提的是，场景化在其中起到了前后贯通的作用，既是赋能点明晰的关键成果，也是后续开展演练和复盘的核心输入。没有精准的场景任务还原，训战将成为空中楼阁。这一点我们在第 2 章和第 3 章还要重点阐述，这里不再展开。

所以，华为训战结合的方法是在任正非的思想指引下，基于战略预备队的训战实践总结开发出来的。它解决的是当面临新的战略业务高地需要攻克或者业务转型时，业务人员大规模角色转型和能力转型的问题，并不过度追求所谓的培训效果精细化度量。在我看来，华大的做法虽然远远称不上完美，却是我看到的国内外企业大学中做得最扎实、最有章法的，充分展现了华为这家企业务求实效，同时带有一定科学教育情怀和追求的特点。

训战是颠覆，更是回归

训战强调"训"对准"战"——仗怎么打，兵就怎么练。在这个到处充斥着隔靴搔痒做培训的时代里，这个理念可谓真知灼见，让人振聋发聩。

然而，如果让古人穿越到现代来试图理解我们今天的学习，他们可能会难以置信：怎么发展了几个世纪之后，人们的学习和训练用的是这样一种陈旧落后的方式。

我们设想一下，写出《本草纲目》的明代著名医学家李时珍，如果有机会来到今天的顶尖中医药大学实地参访。在他费了半天力气，终于搞清楚这群人怎么教学之后，他最有可能的感慨估计是"什么？你们今天是这样教中医的？这不胡闹嘛"。

因为，400 多年后，看起来仪器设备更先进了，教学环境更整洁了，但是一个老师对着一群人讲一堆枯燥的中医理论和方法，然后还要不停地考试，而且以考理论知识为主，既没有草药辨识，也没有人体穴位图和针灸模拟，更没有真实病例望闻问切的实际诊断考察，这一切怎么都让他难以理解和认同。要知道，自中医诞生以来，中医的主流就一直是采用师带徒的方式在一间一间的药铺里，通过耳濡目染、口传心授传承和培养人才的。在这个过程中，徒弟会亲眼看到师傅是如何采挖草药、识别药性、诊治病人、开具方子，病人又是如何好转或病情恶化的，整个经历是完全的实战。尽管也有知识理论的学习，但主线仍然是围绕病人求医问药展开的。

不单单是医生，盘点一下古代的各类职业，士农工商，除士大夫以外，其他工种的学习和应用基本都是在实际环境下完成的，也都对准最终的绩效结果。前面的军队不说，农民面朝黄土背朝天，终日在田间地头劳作，几乎天天泡在一线和实际问题里。现代企业的前身——晋商钱庄，它的账房先生也都必须经过学徒—钱房—襄理—协理（二掌柜）—经理（大掌柜）的分阶实战训练和考核，否则无法取信上下，顺利接掌分号。

为什么会这样？因为这些工种都要直面实际问题，不能解决实际问题就无法在社会立足，所以训练必须对准实战。士大夫之所以例外，则是由于儒家传统知识分子最梦寐以求的晋身之阶是成为官员。官员主要是代表中央政府在中央和地方行使职权和威仪，基本不处理征税、刑事诉讼、救灾等实际问题，而这些具体事务性工作主要是由官员挑选的胥吏完成的。

西方的情形大致与之类似。中世纪各行各业的学徒制曾大行其道，到了19世纪德国洪堡高等教育体系建立，这种以快速培养专业标准化人才为己任的理念，效率极高，火速传播到英、美、日、苏联和我国，助推这些国家工业化的加速完成。现在，只有德国的职业教育体系以及欧洲的一些诸如箱包、手表、高档时装等行业里，还活跃着师徒制的身影。

时至今日，大家在呼唤工匠精神的同时，也重新回想起师徒制、导师制、小班授课、个性化教学的历史渊源，教育界也希望用AI、VR等最新的技术复兴这种更加贴近实战和问题解决的学习方式。

所以，盘点一下，"训"和"战"的分离其实仅仅是近代以来的事情，而且在很多工种里这条脉络并没有真正中断过，越是依赖身体、手工的领域就越是强调和坚持训战结合。然而，随着知识分类越来越精细复杂，工业化、标准化教育培养的兴起，以及还原实战场景的成本越来越高，训战分离越行越远，一路走到了今天。

总结一下，华为紧盯和强调训战，恰恰反映了以任正非为代表的华为管理层坚持把握学习的本质。从古至今，只有打仗是最实事求是的事情，就像孙子兵法所说"兵者，国之大事，死生之地，存亡之道，不可不察也"。战争胜败高下立判，无数人头落地，来不得半点马虎。对标军队的学习和训练方式，对当前花拳绣腿的学习是一种颠覆，但放到一个更广阔的视野下，其实是一种回归，物极必反罢了。

本章我们梳理了训战兴起的背景和发展过程，下一章将着重围绕场景和场景化学习展开介绍。

第 2 章

理解场景才能把握关键

> 战略场景规划要来自公司的战略规划，训战的场景和战场选点都不要铺得太多，积累经验后可以再扩张，要高水平地训练一批优秀队伍走出战场。
>
> ——任正非

上一章谈到了训战的提出及发展脉络，然而在绝大多数情况下，训战毕竟无法做到完全是实战，这就使得我们在训战项目设计和实施中必须借助场景去尽可能还原和贴近实战。这就提出了一个很关键的问题，即业界莫衷一是的场景和场景化学习到底是什么。

以下分享六个现实的学习设计案例，请你基于自己目前的理解，看看哪些属于有效的场景化学习。

（1）**穿越电网**。穿越电网项目属于户外拓展训练活动中的一种团队合作项目（见图2-1）：在全体队员面前悬挂一张"电网"，网上的洞口大小不一，要求队员在规定时间内，从网的一边依次通过到达另一边。在此过程中队员的任何部位都不允许碰网,否则洞口将被封闭,每一个洞口只能由一人穿过一次。

图 2-1　穿越电网项目训练道具

穿越电网项目旨在锻炼参与者改变沟通方式,能够理解、倾听他人,明白如何让他人更能接受,如何合理分配资源,以及资源的浪费与团队目标的关系。个人利益与团队利益的关系如何将直接决定目标能否达成。此培训项目强调整体协作与配合,以及资源的重要性。好胜与莽撞都将遭遇淘汰,只有依靠团队的力量才能顺利完成任务。

(2)**重走长征路**。怀揣着对长征精神和革命先辈的崇敬和感恩,近日,某商业银行成都分行员工前往四渡赤水战役所在地,踏上了"重走长征路"的征程。在"重走长征路"体验式培训过程中,大家沿途参观了四渡赤水纪念馆和红军医院纪念馆,听取当地党校老师讲述红军长征中的感人故事。此外,大家还向青杠坡红军烈士纪念碑敬献花圈,缅怀革命先烈;全体党员同志在纪念碑下,面向党旗庄严宣誓。

(3)**重上井冈山**。某金融机构党支部响应中央号召,重上井冈山,缅怀先烈，重温历史。在井冈山上，该机构邀请了有关专家领导给各位党员上党课，传达了区委下发的《"两学一做"学习教育》资料汇编小册子中的精神，并对本次红色培训学习做了要求。在培训期间，学员到黄洋界亲身感受了当年黄洋界保卫战胜利的艰难。此行，学员还参观了革命历史博物馆、小井红军医院等。无数革命先烈在艰苦的环境中，用鲜血和生命换来了革命的胜利，为现在美好的生活奠定了基础。先烈留下的优良传统将成为新时期党员前进的宝贵财富。

（4）地震应急演练。某网络企业在国际防灾减灾日，开展地震应急演练，顺便测试自己面向学校的安全风险防控体系系列产品。在演练开展前三天，资源中心的各位同事通过App、云平台、智能物联中控主机A8200进行地震安全知识推送。演练前，公司安排相关组织人员到位，强调演练纪律和疏散路线、动作要领。演练当日，随着App一键启动应急预案，公司全体员工双手拿书本抱头，迅速、有序地沿着逃生指示路线进行疏散逃离。不到一分半钟的时间，全员撤离到了安全地带。

（5）戈壁穿越挑战赛。某名牌大学商学院第一次派队参加穿越戈壁挑战赛，而且只能参加B队，也就是不计算成绩的观摩队，不过同样需要在四天内徒步穿越117公里的戈壁滩。据某位实际参加的同学回忆：挑战还是比较大的，赛道上有盐碱地、丘陵、砾石、戈壁、无人区。白天温度高达四五十度，晚上却只有四五度。参赛第一天，挺兴奋；第二天，过程很艰难，最后四五公里人几乎要崩溃了；第三天，很疲惫；第四天，刚适应，比赛结束了，给人一种意犹未尽的感觉。四天里，每天一身臭汗，不能洗澡、不能刷牙、不能洗脸，只能睡三四个小时，对身体和意志是很大的考验！

主办方介绍，商学院的每一个学员在自己的创业过程中，都历经了无数的困难，甚至彷徨。玄奘之路戈壁挑战赛的创办者曲向东本身也有相似的经历，他设计的模式正好切中了学员的"痛点"，让学员不但能挑战自己，满足对征战戈壁沙漠的向往，还能够对团队协作、领导力提升等有切实的体验、训练。特别是比赛可实现参赛学员精神的升华，这让众多 EMBA 学员对其心神向往。

（6）**抛球与领导力**。在某领导力培训课程中，老师在开课第一天布置了一项特殊的任务，即每个小组领一套玩杂耍的橡皮球，由组长负责利用课后时间召集和组织学员演练，最后一天小组的每一个成员都要学会熟练地表演抛接三个橡皮球，而且各组还要计时比赛。在接下来的四天，老师正常讲课，没有问过抛球的事情。在最后一天，老师组织验收。小组成员格外投入，绝大部分小组成员顺利通过。但无论通过与否，现场的反思和讨论都异乎寻常地热烈。很多学员表示，这是他们上过的最有启发的一堂领导力课程。

以上六个情景是场景化学习吗？不知你的看法怎样，我的看法是，必须承认，以上六个情景虽然有些很有创意，而且比坐在课堂里进行枯燥的培训有突破，但是它们都不是真正的场景化学习，只是在其中融入了体验式学习和场景的要素，这跟我接下来要谈的场景化学习还是有区别的。

什么是场景和场景化学习

"场景"一词源于电影，其在商业领域的流行要归功于 2015 年吴声的《场景革命》一书。他在书中写道："场景是最真实的以人为中心的体验细节，是一种连接方式，是价值交换方式和新生活方式的表现形态。

场景构成堪比新闻五要素,时间、地点、人物、事件、连接方式。"

这个解释是不是还是有些抽象?我个人觉得虎嗅网上一位网友的点评可能更容易理解,即"场景是一种对(用户)需求在时、空、情、境等参数上的细分方法,进而,也是产品创造、设计的依据和方法"。

可以看出这里的场景更多地指用户需求的分类方法,主要用于指导企业来细分消费者到底在什么情形下使用产品或者服务,这对我们理解学习场景有启发,但两者还是有差别的。

那么,到底什么是场景化学习里的场景?下面是我自己的定义。

场景:学员在真实工作任务中所面临的情景和挑战。

场景化:尽可能地还原和呈现真实工作任务中所面临的情景和挑战的过程。

场景化学习:真实地呈现了学员在工作任务中所面临的情景和挑战,并且提供了有效地应对这些情景和挑战的知识技能要点的学习项目。

从上面的定义可以看出,场景化学习中的三个要素是情景、痛点和解决方案,即不仅要还原真实工作场景,聚焦典型挑战去充分激活和刺痛学员,而且还要提供精准有效的知识、方法、工具和演练方案作为"解药",三者缺一不可(见图2-2)。

举个例子,现在你要为一群篮球球员做赛前强化训练,在真实的篮球场进行集训解决了场景的问题,但这还不够,运球、传球、投篮这些只是常规任务。真实工作任务中(比赛中)的典型棘手挑战是投篮时有对方的紧逼防守,定点罚篮时有对方场外啦啦队的嘘声干

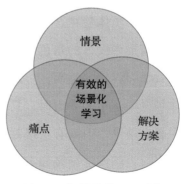

图2-2 场景化学习三要素

扰，这就是痛点。在这种情况下，教会学员如何稳定情绪并且做到出手不忤，就是解决方案。

同样地，在客服中心的培训中，教电话客服代表应对投诉有典型案例。无论是纸面案例还是录音案例，都只是做到了场景化学习的第一步，即有情景让学员感觉身临其境，还必须有真实的工作任务中的挑战，比如客户反映问题时情绪激动而且缺乏耐心，这才算有了痛点。同时，还必须提供行之有效的方法，这才算提供了解决方案。至此，场景化学习的三件套才算齐备。

对于一些操作类、销售服务类培训，因其动作比较外显，场景还原相对容易。对于一些思维技能类、复杂混合技能类、底层通用素质类培训，场景还原就比较困难了，如教授创业者如何设计商业模式、形成高层管理者的战略思维、具有HR的同理心等。正因为这些主题的场景化难度高，所以才会出现本章开篇列举案例中的各种尝试。这些尝试不能说完全没有价值，但是它们并不是有效的场景化学习。你可以对照一下我所提出的场景化学习三要素，看看它们分别缺了哪些。

以本章开篇的第六个案例"抛球与领导力"活动为例，老师的设计相当不错。老师期望以团队从头开始学习一项新技能——抛球作为隐喻，让学员体验在这个过程中可能遇到的各种困难，并对团队领导者在这些情形中发挥的角色和作用进行反思和探讨。这是一个颇有创见的体验式学习设计，然而，学员在这个过程中获得的感悟和启发，在真实工作场景中运用领导力时，只能靠隐喻和自己举一反三才能实现。也就是说虽有情景，但没有直接对准真实的工作任务场景，因此挑战和解决方案也就自然没法衔接和有效运用了。可能学员在现场会很有触动，也能达成部分效果，但是能否跨情境转化，就要看学员的悟性和学习动力了。

很难想象学员在回到实际工作中时能基于一个完全不同的场景持续开展行动。

其他几个案例的剖析也是类似的情况，限于篇幅，不一一展开。

除了深刻理解场景化学习的内涵，依据我个人设计训战项目以及用训战的方法论去审视之前做的场景化学习项目的经验，我认为还必须领会学习场景构建的三个层次：图文层、物理层、情绪层，如图2-3所示。

图2-3　学习场景构建的三个层次

（1）**图文层**。图文层指图片和文本结合，借助认知和想象构建学习场景。案例和故事是这个层次有效带入场景感的核心要素，而零散的信息和长篇大论的文字通常造成场景感的碎裂和断层。这个层次的应用最广，成本最低，但误区也最多。无论如何，这个层次的场景感仍是间接的场景仿真。

（2）**物理层**。物理层指物理环境是否与工作应用场景接近。对某些学习主题来说，这个层次无关紧要。例如领导力和新员工培训等，这时场景往往很容易让学员进行自我加工和联想。但对某些主题来说，物理层至关重要，如运动训练、医疗培训、零售的陈列培训、飞行员训练、驾驶技能训练等。这些主题有两个特点，要么涉及身体的动作和感知比较多，要么如果训练主题出现问题将会带来性命攸关的风险。

这时如果老师干坐在课堂上讲授知识点乃至设计训练练习，等学员回到真实工作环境中就会发现差异巨大，很难迁移，所以航空公司都有模拟客舱，而宝洁的终端理货培训和跟线辅导培训也都强调实地进行。训战所谈的在战场上学习现场指挥和战斗，也是这个方向。其实物理层的影响不限于可见的物理环境，不可见的场域常会附着在物理环境之上，并释放强大的力量。

（3）**情绪层**。情绪层指学员在实际应用时所面临的情绪压力能否体现在学习场景里。同样地，某些领域这不是问题，但对某些主题的培训来说情绪层相当关键，如客服培训、销售培训（无论是谈判还是电销）、医疗培训、危机公关培训、变革管理培训等。在看上去跟情绪似乎关联不大的竞技体育领域，其实运动员在状态不稳定时的心态和情绪调整，也是提升比赛成绩的重要训练环节。

这些培训如果只关注知和行，缺省了学员对情绪的觉察和适度还原，那么学习体验将是碎裂的、不完整的。即使学员在课堂上的角色扮演、案例陈述都做得很好，回到现实工作中面临巨大的人际情绪压力时，也会发现所学很难运用或根本无法施展。你能想象完全在一个团结友爱的班级氛围中培训如何应对人际冲突，然后再回到现实中实际应用的场景吗？当你慢条斯理地刚想用课上的方法去澄清时，对方的几个"勾拳"已经打过来了，估计这时你脑袋里一片空白、不知所措的可能性更大。

举个新品上市培训的例子强化一下上述概念。假设现在你负责一个手机新品的上市培训，你的目的是让公司的销售人员在终端将这款新品推好，那么要构建三个层次的学习场景，你分别要考虑些什么问题呢？具体如表2-1所示。

表 2-1 学习场景构建三层次示例

构建层次	要　点
图文层	• 销售的典型沟通时间和地点是什么？经销商办公室、终端客户店面还是路演现场 • 会经常遇到来自谁的挑战？典型的挑战场景是怎样的？谁会说什么或做什么 • 如何借助图片和文字描述将场景下的典型挑战真实立体地呈现在学员面前
物理层	• 最贴近真实销售场景的环境是怎样的 • 能否去现场学习？如果不能，如何在教室里把核心要素体现出来？哪些物件最有利于销售人员回忆和还原工作场景
情绪层	• 沟通过程中会碰到客户哪些典型的情绪压力 • 客户如何反应以表现出这些情绪 • 这些情绪压力的应对对于完成实际工作任务重要吗？怎样把这些情绪压力生动地呈现给学员

为什么场景化是训战落地的关键抓手

任务场景把业务目标和学习贯穿起来

前面讲过，场景就是学员真实工作任务中所面临的情景和挑战。我们会发现，学习要想有效地对接一项业务的诉求和目标，只能借助任务场景。

伴随着《华为人力资源纲要 2.0》的推出，华为在 2019 年提出了一个概念——"打造有温度的 HR"。因为华为的 HR 体系基本上是业务部门转岗过来的，虽然人员比较贴近和了解业务，但是相对欠缺 HR 的专业性，加上大多数人都是理工科毕业、工程师出身，使得人力资源的服务显得比较刻板和生硬。例如，与员工沟通时语气非常生硬，导致员工在内部论坛上频频吐槽。

然而，当委托方提出这样一个需求时，华大刚开始是有点接不住的。一开始，项目组的思路是赶紧找相关概念，弄明白什么叫"有温度的HR"。拿来HR和组织心理学领域的教科书一查，发现有关联的概念不少，如大众一些的有情商、同理心、共情力等，专业一些的有勒温的组织气氛和场以及组织心理契约等，而课程时长总共只有2～3天。然后，又有人指出"有温度的"提法是借鉴终端消费者服务领域提出来的，那么是不是应该学习和借鉴他们的做法，这样就需要理解消费者服务满意度体系甚至设计思维里的一些方法论。就这样，想法越来越多，时间却越来越紧。

这时，我出了一个主意——锁定一个最近似的概念，如同理心，然后去还原学员应用该概念的真实场景，也就是以HR中最大的群体HRBP（HR业务伙伴）为对象，梳理他们的同理心典型应用场景，即何时、何地、跟谁、做什么是最需要和最能体现出同理心差异的。沿着这个思路，项目组很快理出了几个关键场景。比如跟一线员工沟通人力资源政策变化时，如何提前获得员工关注视角；面向外包团队沟通企业文化时，如何讲员工能听懂的语言和故事；面向员工做调岗和福利变化沟通时，如何设身处地地从对方的角度思考；等等。这样，一个抽象、虚无缥缈的需求就转化成了一个看得见、摸得着的实际问题，而且很容易感知和判断哪些问题与业务关联更紧密，哪些可以押后或放弃。

所以，场景化是一个从业务场景向学习应用场景转化的过程，业务问题（HR的温度）表现在具体的场景（跟员工做不同类型的关键沟通）里，抓到这些场景才能进一步梳理到底学什么能够有效支撑员工有效应对这些场景中的挑战。否则，培训很容易陷入老虎吃天——无从下口的境地，或者就是隔靴搔痒（上不疼不痒的情商管理课），不触及实质问题。

场景化才能打通学和用

对于组织学习而言，场景化学习是将学习、工作、绩效联系起来的抓手之一。我们一般认为与学习相关的场景包括两种——学习内容的应用场景和学习的交付场景。

前者基于工作的具体内容，后者是指在什么时间和环境下进行学习，也就是获取知识的途径。包括案例教学、沙盘类模拟、行动学习在内的多种组织学习方式，都属于场景化学习的范畴；而游戏化学习、微课等概念，也与场景化息息相关。

总结一下前面提到的概念，情境也好，场景也罢，其作用归纳起来主要是两个"度"。

（1）**激活兴趣度，让感觉落地**。这很容易理解，学员一走进课堂，一打开学习内容，马上意识到这跟自己的真实工作和生活密切相关，这时就会激发他们的学习兴趣。我们通常所说的"落地"，其实从学员视角来看，就包括了内容落地和场景落地两个层面。如果全是干货，没有完整的应用情景，学员依然会觉得这场培训"不落地"，学习动机和意愿就会受到抑制。

（2）**提高仿真度，促进转化**。常规的培训之所以有问题，就是因为学和用相距太远，好比在课堂上学游泳和踢球，到了游泳池和绿茵场，学的东西全白搭。而基于真实、典型、挑战的工作场景来开发课程，学员在课堂上就可以完成很大一部分内容的迁移，而不必在结课之后凭个人悟性再进行重构和个体迁移。为什么绝大多数拓展培训都是"课上热闹，课后忘掉"，就是因为培训内容要靠迁移甚至教练的强制联想引导，才能跟实际工作勉强结合到一起。信任背摔时确实感觉很刺激，但这跟真实的团队因为流程和考核机制冲突引发的互不信任和部门墙，实在相隔太远。离开了真实的应用场景，95%的学员难以做到靠自己举一反三去跨界完成体悟和转化。

2018年年底，我们接到一个项目需求，是帮终端的体验店店长助理开发一个精品特训营。体验店店长助理是华为派驻门店的员工，协助渠道商进行门店运营和管理，除他之外，其他门店人员从店长到收银再到销售人员全都是渠道商的人。其中有两门关键的课程是"全品类销售"和"打造有温度的服务体验"。"全品类销售"是指配合公司战略转型，从卖手机转为卖全系列的智能运动、办公、家居产品。

在以前此类的培训中，内部客户多采用"案例+角色扮演"的方式进行模拟演练。看了之前的课程和练习材料，我们心里有了底。小伙伴说："咱们开发出来的案例和角色扮演肯定比他们自己做的质量高很多啊。"是的，这一点我毫不怀疑，可是案例和角色扮演设计得再好，毕竟还是纸上谈兵，况且时间这么紧，萃取开发质量过硬的案例再设计角色扮演，要花的时间也一定不会少，怎么办呢？能不能换个思路？

最开始我们想到，培训就在华为的某个研究所进行，而研究所里以受过本科教育的理工男为主，他们不正好是天然的优秀用户人群吗？难道我们不能去食堂门口摆摊设点，面向真实的用户开展销售和服务吗？主意打定后，我马上跟研究所沟通协调场地、时间段等。跟研究所的沟通还没完，我的想法又升级了。

原来，借研究所餐厅的舞台来实战虽然好，可是有几个方面依然不理想。其一，研究所的食堂是全开放的，而且午餐、晚餐时间客流集中的时段有限，充其量就一个半小时，大家急于回到岗位工作或下班，此时的环境和消费者心态都跟真实门店有差异；其二，要搭台，就要借助体验店的展台和陈列柜，这些东西找门店借调和运输都很不方便，而且食堂的 Wi-Fi 也可能不流畅，对联机演示和操作等挑战重重；其三，更麻烦的是，这个培训回头落地推广时要在全国铺开，可不是每个落地城市都有研究所。

想到这里，仿佛当头一盆冷水泼下来。真实门店到底如何模拟？如何最方便快捷地再现门店的真实场景呢？终于，在一轮头脑风暴后，我们想到，既然不好还原，那就直接让学员去门店实战。华为的体验店大的地级市基本都有，省会中心城市更是数量众多。每个组分一家店，承包给学员，课堂上学完就去门店实战，让学习完全对准实战。与杭州那边一沟通，主管负责的经理也大力支持，并表示愿意协调一切资源，这事就这么成了！

就这样，此次集训的重头戏——实战演练，终于尘埃落定。我们摒弃了课堂模拟演练的做法，一步到位，全部人马去真实的门店做全真实战。每组 7～8 人，接管一家真实的门店，代理运营 3 小时，门店原有人员全部撤场，这就是体验店店长助理原本在各个地市的工作环境，每一台样机、每一节展柜都一模一样，所不同的是换了城市，调了门店，接触的顾客当然也是全新的。而这正好是一个全新的挑战和刺激，我们不用再费心设计任何额外的模拟文档或材料，所有的一切在一家真实的门店里都会事无巨细地呈现在学员面前，他们只需要运用所学的知识在这家无比熟悉而又相对陌生的门店里，搞定销售、服务顾客，对准实战任务和评价点，开展比拼。

结果是令人欣慰的，事后统计，99%的学员认为实战演练环节让他们受益最大。虽然他们每天晚上为了准备实战还有实战后的复盘演示经常熬到凌晨3点，但是所有人都对这种全真的检核备感兴奋和刺激。门店实战对比上周同时段实现了50%以上的台量增长、54%以上的搭售率提升。这种门店实战模式成为我们之后训练体验店人员的一种固定模式。

所以，如果能够通过还原场景，把学员的学习和实际工作运用紧密联系在一起，就可以充分调动学员的兴趣和热情，也能最大限度地提升学习内容的运用和转化，做到即学即用，甚至当场交付业务成果。

场景化才能确定赋能点和演练点

在《特工学院》这部影片中，有这样一幕：一群天赋异禀的年轻人，为了参与金士曼特工学院的选拔（只有1人可以顺利入围），参加了一个特训营。

刚刚开营没几天的一个晚上，大家都在熟睡，突然房间地板上开始大量进水。水涨得很快，顷刻间就漫过了床铺。所有人从梦中惊醒，有人惊慌失措，有人开始快速游向高处。但上涨的大水很快就淹没了整个房间，大家只能闭气在水中游泳，四散寻找逃生的通道。几个脑筋活络的学员向着淋浴喷头游去，他们拆开喷头发现喷管跟外界相通，于是将喷管放入口中呼吸起来，还有学员发现拔下喷管接到抽水马桶里也可以跟外界空气联通。当然，喷管和马桶数量都是有限的，其他人则只能继续寻找其他逃生的办法。整个场面相当混乱，只有男主角自始至终一直保持镇定。他先游向大门，发现大门打不开，然后他留意到一面很大的玻璃窗，终于在这里找到了破绽。他在水中挥舞重拳将玻璃砸碎，大水一下子沿着破碎的玻璃窗涌了出去，于是所有人得救了。当然，除了一名女生，她在慌乱中逃生，不幸溺水。

我每次看这个片段都很有感触，因为特工是极为特殊的职业，必须在极度高压和危险的环境下工作，而且不能有一点闪失，否则就会搭上性命。这个特训营通过采取这种突然袭击的方式，让大家实实在在地领教到这一点。

更重要的是，特工的很多训练要点如危机之下保持镇定、团队合作、极限逃生等，说起来似乎都很重要，可是如果要落实在一场训练里，到底对准哪些点来展开才不至于虚无缥缈、若有似无呢？通过这样一个场景的还原，就清晰地聚焦到了几个赋能点上，让整个训练有的放矢。

还有，这场危机模拟中的任务场景和实际表现也明白无误地揭示了大家的薄弱环节，比如在危急情形下的团队合作。于是特工学院在其后的训练中着意加强了这方面的培养和考察。

如果你读过 2018 年热门的《赋能：打造应对不确定性的敏捷团队》一书，也能从海豹突击队的锻造过程里，深刻地感受到这样一种植入真实场景的训练理念的优势和作用。

说回我们前面的体验店门店全真实战的案例，也是一样。当我们在规划整个特训营的赋能点时，我们只有一个大概的思路和模糊的方向，迟迟不能确定到底哪些主题是重点，哪些是非重点。另外，我们在纸面上推演了很多次演练主题的颗粒度，但始终无法聚焦和细化。等到我们敲定了门店实战任务场景，再来对照所有这些疑惑，我们发现思路一下子就清晰了。

因为学员将在门店干什么、遭遇什么样的挑战是一清二楚的，要给他们什么知识、工具、方法去支撑他们完成实战任务，也是一清二楚的。一切对准实战，无关的内容可以拿掉或者让学员自学。赋能点明晰了，再看演练点，我们也变得心中有数了。在门店可以做的事情有很多，但只有跟业务诉求和赋能点最相关的、有一定难度的才应该重点考核。这样，通过实战场景左右开弓，就把整个门店训战一下子串联起来了。

所以，在这里花了这么多篇幅，就是希望你能了解，之所以训战2.0如此庞大、系统的方法论和体系会把场景化摆在枢纽位置，是因为它真的是训战落地的金钥匙和关键抓手。

最后，我们之所以在这里列举了很多场景化学习的优势，是因为过往非场景化坐而论道走得太偏了，矫枉必须过正，我必须大声疾呼一下。但我希望你了解，场景化学习并不是万能的，它也有局限。

1. 可以缩小，但无法完全消除学习转化鸿沟

场景解决了学习过程中仿真度的问题——怎么用就怎么学，在哪儿用就在哪儿学，大大缩短了人们学习迁移的时间和周期。然而，人们的学习过程必定要经过从认知到学习，到练习，再到贯通的过程。这是学习转化的必然规律。

场景化可以缩短从知到行的过程，但不能将学习转化的环节完全消除。尤其是对于技能训练，没有刻意练习，就无法成功掌握技能。转化的过程是必需的，尤其对于需要用到身体的动作技能，如打篮球，以及综合运用头脑和感官的人际技能，如语言表达。

2. 有时过度场景化会适得其反

在有些情况下，如培训人群的跨领域转化能力很强或者主题本身强调打破固有思维时，人们须斟酌场景化学习是否适用。比如，在培养某些创意思维技能如创新思维、设计、策略思考等，以及对高层管理人员进行领导力培养时，可以更多地跳出现实，通过跨界找启发，避免被现实工作环境和惯性思维所桎梏。这也解释了，为什么中欧、长江、哈佛、沃顿的EMBA课堂教的东西距离实战很远，但企业家和高管仍然乐此不疲。除社交外，其实这种底层思维方法论和战略层面的思考对企业家一通百通的启发，也是他们看中的重要学习收获。

当然，这也并不是说场景化的元素需要全盘舍弃，还是需要它们营造一些若有似无的感觉的，不能下笔千言、离题万里。有时学习设计人员会刻意通过一些故事、隐喻的运用，制造一种似乎在谈我们面对的真实挑战，但又隔着一层保护膜的感觉，以便可以充分打开思路，进行深度反思，例如这两年比较流行的"沙漠穿越领导力体验""乐高认真玩揭示变革中的团体动力"等，这时学员往往格外兴奋和投入。这就是学习设计的艺术了，在此我们不再展开。

场景化学习的常见方式及华为的特色

场景化学习的应用是比较广泛的。比如民航领域的客舱、风洞模拟，大型高精尖设备如核电站的模拟仓作业等，这些都是由于风险高、操作精度要求高，不得不投入巨资打造的高仿真场景化学习实践。

在不容易还原一线真实业务环境和场景的商业学习领域，场景化学习的其他一些常见形式如下。

案例教学

案例教学是场景化学习的重要形式，它还原了真实的工作场景流程，以及其中的核心挑战与冲突。这种方法主要用来培养人们思维方面的技能，如决策、判断、分析，以及人际技能，如沟通、谈判等，可加强人与人之间的协作。不过，案例教学的主要实施场所依旧是在课堂上，未来结合 VR、AR 等新技术的发展，案例的呈现和还原将会更加逼真有效。

沙盘模拟或模拟仿真

沙盘本来是用于模拟战场演练指挥打仗的工具，但近年来跟企业教育和培训结合比较多，而且大家对它的理解逐渐从原来的沙盘仿真放大到所有带有模拟功能的学习项目。《游戏，让学习成瘾》一书的作者卡尔·M.卡普教授对其定义是"模拟仿真，一个面向实际的、风险可控的系统，学员可以在其中训练行为，并感受决策带来的影响"，从中可以看出模拟仿真必须呈现实战场景，而且显然会植入挑战，主要用于训练行为且必须包含决策，否则难以称其为严格意义上的模拟仿真。有兴趣的读者可以读卡普教授这本专著做深入了解。

行动学习

美国培训认证协会（AACTP）对行动学习的定义是：行动学习是一个团队在解决实际问题中边干边学的组织发展技术及流程。这个定义言简意赅，涵盖和突出了行动学习的三个关键词：团队、实际问题、流程。众行集团的刘永中先生总结道："简单讲，行动学习就是把企业的某一个棘手的实际问题变成一个项目，相关的人员组成团队边干边学。"

戏剧类模拟

案例分析其实没有办法百分之百还原现实场景，尤其是很多人际类沟通的主题：你无法让某个客户跟你再沟通一次，无法收回某一次对伴侣或者下属的恶语相向，也很难批量地邀请顾客进行焦点访谈。而且人和人沟通的那种即时的体感和温度是文本无法完全传递的。此时，戏剧类模拟的优势便可得到凸显，这也是这两年戏剧这种形式在企业培训中大行其道的根本原因。

编排过的戏剧，对于人和人之间的联结以及冲突的还原，比案例教学更加立体和真实。就像演话剧一样，学员在台上演，引导师在台下指导大家一起进行复盘和分析。人和人的冲突是很难模拟的，没有人想被伤害第二次。但是通过戏剧这种方式，人们可以在不受到那么大打击和伤害的过程中，进行重演和复盘。从这个意义上来说，戏剧是人际互动的实验舱。

在现实的企业培训中，即兴戏剧常被用于应变、团队协作和创造性问题解决等培训主题，论坛剧场被用于有内在角色和价值观对抗的人际沟通等培训主题，一人一故事被用于讲故事、创意沟通等培训主题。

现场实战

上机操作类、机器维修类、运动技能类的学习，都属于对行为操作要求比较高的技能培训，需要通过现场实战才可掌握。例如，打篮球和学游泳，必须在特定的场所——篮球场与游泳馆，才可进行；而维修机器的工作，也一定是在生产线上对着故障机器，或者在模拟机器上操作，不大可能在课堂上空讲理论知识。

此外，近年兴起的结构化在岗辅导（SOJT），作为导师制的升级版，也是在实战中围绕具体的问题进行系统的个别帮扶和教导，以提升员工能力，这也属于回到工作中的场景化学习。

要注意的是，以上谈到的都仅仅是形式，一个学习项目并不会因为披上了沙盘模拟或案例教学的外衣，就自动演化成为有效的场景化学习，还是要回到三要素的视角去审视。

华为在这些方面也做了一些探索，但实践下来总体比较偏好案例教学和基于案例教学的模拟演练，这是因为训战是大规模的密集训练，而且往往要全球推广和实施，标准化、可复制、高效率十分重要。从以下这个青训班的案例中我们可以窥见华为典型场景化学习项目的特色。

华为青训班

青训班，全名"青年管理干部特训班"，主要面向华为 17 级左右后备干部，即未来要成为一线干部的后备人才，为华为未来以项目为中心的职业化管理奠定基础。这个项目也向学员收费，但每人只收 2000 元。绝大多数市场前端的后备干部都要参加青训班，后来该培训班的开展也逐渐拓展到其他领域，如研发 IPD（集成产品开发）领域。

该项目是在 2013 年年底正式交付推出的，它模拟了一个端到端项目管理和经营的全流程（见图 2-4）。为什么华为要用"项目管理"作为主线去培养后备干部？因为华为内部主要以项目管理为抓手，如果一个人管一个小项目成功了，那么他就能够管理一个大项目，未来也就有潜力管理一块业务。

青训班：训战结合，从项目管理与经营中选拔发展后备干部

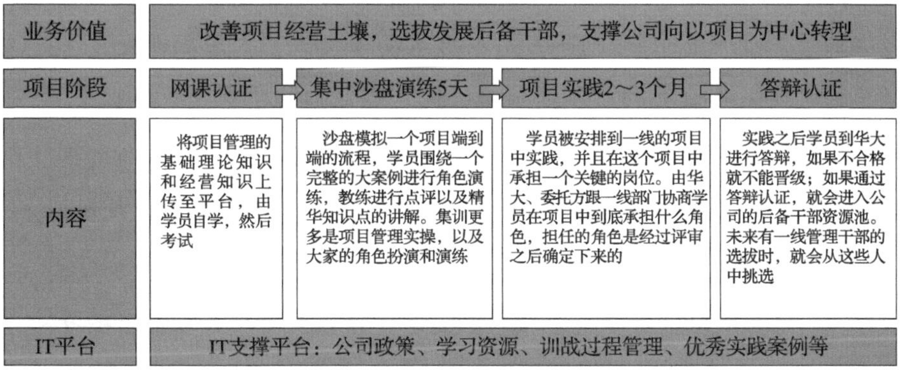

业务价值	改善项目经营土壤，选拔发展后备干部，支撑公司向以项目为中心转型				
项目阶段	网课认证	→ 集中沙盘演练5天	→ 项目实践2~3个月	→ 答辩认证	
内容	将项目管理的基础理论知识和经营知识上传至平台，由学员自学，然后考试	沙盘模拟一个项目端到端的流程，学员围绕一个完整的大案例进行角色演练，教练进行点评以及精华知识点的讲解。集训更多是项目管理实操，以及大家的角色扮演和演练	学员被安排到一线的项目中实践，并且在这个项目中承担一个关键的岗位。由华大、委托方跟一线部门协商学员在项目中到底承担什么角色，担任的角色是经过评审之后确定下来的	实践之后学员到华大进行答辩，如果不合格就不能晋级；如果通过答辩认证，就会进入公司的后备干部资源池。未来有一线管理干部的选拔时，就会从这些人中挑选	
IT平台	IT支撑平台：公司政策、学习资源、训战过程管理、优秀实践案例等				

图 2-4　青训班运作流程

在具体开展方式上，所有的学员会先学网课，网课内容主要是项目管理的基础理论知识和经营知识。学员在华为学习平台上自学完成后参加考试，考试通过后参加一个 5 天的集中模拟训练，这是一个以 LTC（lead to cash）⊖全流程为核心的模拟训练。5 天的时间几乎都用来进行案例角色演练，案例完全来自前 2 年的真实项目案例，华大对其进行了知识萃取和教学改造。整个演练围绕项目管理、财务经营、人力资源管理三条业务主线，提炼了 14 个关键业务节点，例如，如何进行业务线索识别，如何识别和评估合同风险，如何进行合同谈判，学员会就这些主题展开激烈的研讨和演练，过程中会有教练点评和精华知识点的讲解。

这个项目和常规经营模拟、沙盘类课程的不同在于：结束模拟课程之后，学员会"脱岗"到一个一线的交付项目中实践两个月，即跟着一个交付项目去理解交付的全过程，而且要承担

⊖ LTC 是华为内部从业务线索发育一直到结款回款的业务流程。

交付过程中的一个关键岗位（这些关键岗位是被严格定义出来的，约8~9个）。一个月后所有人要接受由华大组织评委管理的答辩，不合格的就不能继续晋级，那他们的学费也就白交了，之后的晋升也可能会遇到一些问题。如果通过了答辩认证，就会进入公司的后备干部资源池。未来有一线管理干部的选拔时，就会从这些人中选择。

这种训练和实践有机结合的方式，摆脱了单纯在教室中学习的模式，而且与一线的实践相结合。华大主导了这个项目的整个建设过程，负责建立整体的项目架构与概要设计，并集合了几十位华为业务专家，项目从无到有花了近3个月的时间。青训班项目对整个公司还有另一个贡献，那就是依靠这个项目，一些原先梗阻不畅的业务流程开始对接打通了。这是将几十个业务专家集中在一起开发所带来的意外收获。

青训班诞生于训战1.0阶段初期，随着向2.0的演进，后来在集训演练时又强化了红蓝对抗、分组比赛等要素，但整体骨架没有做大的改动。青训班在其5年左右的生命周期里一直是广受一线认可和好评的精品学习项目，原因在于它的内容和演练贴近实战场景，实践环节直接对准真实作战场景，后期答辩考核围绕作战主题，最终实现了人才的锻造和输出。

青训班的模式，后来深深地影响了一系列实战学习项目的设计与开发，从中也可以看出华为训战和场景化学习的一些特色。

◇ 强调演练案例源于一线真实典型项目，而且需要经过萃取和教学设计。

◇ 通常用一个大中型案例贯穿始终，而不是一个模块用一个案例，帮助学员形成端到端作战的全景感。
◇ 强调演练中的心理对抗和竞争氛围。如前所述，这是为了更大限度地还原情绪层的场景。
◇ 重要赋能项目一般在集训完毕后开展一线的实践和实习，为学员应用转化创造条件。
◇ 最后，通常都会有规范的输出要求，学员需要提交作战案例进行答辩评审。

这样，环环相扣，真正实现训战结合。然而，不得不说的是，这样大费周章设计和操作训练与作战实践，势必将周期拉得比较长，里面涉及的接口很多，其复杂度也比较高，开发人员背后付出的心血难以想象。这些都给学习项目的设计和操盘带来很大的专业度挑战，这可能也是市面上那么多企业学华为训战，大多画虎不成反类犬的原因吧。

总结一下，场景化学习就是真实地呈现了学员在工作任务中所面临的情景和挑战，并且提供了有效应对的知识、技能要点的学习项目。它是训战落地的关键抓手。

本章分享的案例中，有些可以一步对接到实战场景，如接管门店3小时的全真实战演练；有些是课堂模拟实战场景，然后回到岗位创造实战场景，如青训班项目；还有一些则是试图靠向场景化学习，但是做得并不到位或者不够精细，如开篇所列举的几个案例。这说明场景这把训战落地的金钥匙想用好并不容易，希望你能加深对于训战和场景以及两者关系的体会。纲举才能目张，本章是一个特别重要的起点，后面几章我们将进入实操的部分。

第二篇

实 操 篇

第 3 章

校准：对标业务需求

> 客户需求是一个哲学问题，而不是与客户沟通的问题，不是客户提到的就是需求。不是让客户牵着鼻子走，而是想办法多路径、作战队列多梯次、根据不同场景来满足客户需求。
>
> ——任正非

对准顶层业务需求，摆脱评估纠结

经常有小伙伴问我：华大是如何做培训评估和学习项目价值衡量的？我说华大基本上不做培训评估，对方一般会很吃惊，然后补问一句："那你们怎么证明自己的价值？"了解华大稍微多一点儿的小伙伴也可能会说："哦，你们是向业务部门收费的，所以收入就代表价值是吧？"答案当然是否定的，华大虽然自负盈亏，但从来不会把收入当成衡量自己价值和贡献的核心指标。

培训评估是学习领域的疑难杂症，迄今在世界范围内尚无特效药可以根治它。那么，华大是如何应对这一疑难杂症的呢？答案就跟本章的主题很有关系了。我们先来看一个案例。

2014年，华为换了其全球供应链最高领导。这时候一个名叫"供应链国家主管能力发展项目"的项目刚刚立项，这是华为供应链体系找华大合作的一个赋能项目，新来的领导很重视，多次在会议中提到要好好设计这个项目。一开始，具体抓这个项目的业务领导对项目组说："这事挺简单的，领导把这件事想复杂了，今年你们过来帮忙，我们出几个专家，把课程优化优化交付一下就可以了。"

但后来项目组沉到组织和业务里与他们深入一接触，发现远不是那么回事。

原来，新上任的领导侯一飞（化名）通过自己的深入思考和调研，想把整个供应链体系的业务再改善一下，重塑供应链业务体系。跟他沟通之后，项目组发现他很看重这个赋能项目，原因是这个项目除了赋能的诉求之外，还可以变成他重塑供应链、促进业务升级这件大事的一个抓手。

这样一来，整个学习方案就不能像常规项目一样抓他参与评审，找几个专家搞搞就算了。他安排了高层管理团队成员全力支持，每个成员认领其中一个模块课程的开发和交付。例如，"国家供应链战略"这个模块由供应链体系战略部门的一把手负责，带着他自己部门的专家和区域的专家一起，在领导提出的方向之下梳理这块业务的细化方向和落实举措。

这样先形成初稿，管理团队评审通过，再完善形成课程内容，最后再交付几个班的培训，并一步步推行到全球。赋能项目的开发和完善过程，俨然成为新的变革在这个体系的落地思路和举措的发酵和形成过程，这也是一个从无到有、从模糊到清晰、从各持己见到达成共识的过程！因为课程在内部要进行集体评审，不是某个领导一个人说了算，大家都要参与且达成一致意见，所以借助这个过程，高管团队成员实现了集思广益和统一思想。

课程交付的过程是，总部的供应链主管主讲，其他国家的供应链主管都回来参加，这也是一个上下沟通并将变革理念和方法局部优化和层层传导的过程。

在这样一个项目中，实际上培训起到了打通各部门和推动变革落地的作用，成为变革的抓手和业务转型的抓手。整个过程中，侯一飞不断给项目组打气，"课程不要太看重学员满意度和具体能力提升了多少这样单一的指标，凝心聚气最为重要"。

项目从设计到交付，耗时耗力，然而从上至下，各级业务部门主管自始至终都没有问过有关培训价值的问题。因为所有人都明白，这样的一个项目毫无疑问本身就是业务的一部分，它的意义和价值远远超越了培训和能力提升！

回到一开始的问题，不是华大不重视培训评估，而是华大非常强调从一开始就想办法对准业务需求，这是培训项目最大的"势能"。成功地借势就会免除"死后验尸"的苦恼，这样才有可能做到"不战而屈人之兵"。

当牢牢把握住战略和业务需求时，你会发现，培训只用满足战略需求，而不必费心去"讨好"绩效需求和学员需求。反之，如果没有与清晰的业务需求对标，你就既需要满足学员需求，又需要"讨好"绩效需求，项目就会做得格外辛苦。

需求的三个层次和六种形式

这里，你要先理解需求的三个层次，它们分别是业务需求、绩效需求和学习及学员需求。

业务需求：一个单位、部门或组织的运营目标。有时这些目标是用定量的方式衡量的，例如废品率降低 5%，营业额提升 7%；有时这些目标是用定性的方式描述的，例如关于变革的思路和方法，关键管理层达成充分共识。

绩效需求：人们为支持组织业务目标而必须采取的行为和行为产生的结果。例如，要想营业额提升 7%，就要确保每一个零售门店员工在销售原有产品即手机之外，向到店顾客推荐新的智能周边产品，如智能手表和台灯，并且搭售率达到 20%。

学习及学员需求：人们胜任岗位工作或完成关键工作任务所需要的知识、技能和内在能力。有能力会促进绩效，能力不足则会妨碍绩效。因为门店之前没怎么卖过智能周边产品，所以门店工作人员的产品知识、销售技巧、售后安装和服务、咨询答疑等知识技能都需要提升，否则无法支撑绩效目标的实现。

三者的关系如图 3-1 所示。业务需求是最高层次的需求，它包含了另外两者。绩效需求是中间的联结点。学习及学员需求居于最低层次，支撑绩效需求和业务需求的实现。

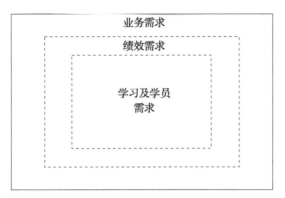

图 3-1　需求的三个层次的关系

诸如一份发给全员的来年培训需求及课程调查表中的问题——"你觉得自己需要什么课程""你对列表中课程的反馈",显然只触及学习及学员需求,这是很多企业需求调查无效的根本原因,因为这个层次最不重要。

华大是怎么做业务需求分析的呢?它会特别强调对准和拆解顶层的业务需求。它一般把业务需求细化成"三硬三软"六大类。

"三硬"是三种直接导向业务的需求类型。

(1)抓住机会。通常指组织现在有一个新的业务机会需要把握。例如,投放新产品,进入新市场。再如,新冠肺炎疫情一下子催熟了在线视频会议和教学平台的业务,需要迅速抓住契机。

(2)解决问题。通常指遇到了重大的业务问题需要及时梳理和解决。例如,高端产品销售停滞、残次品率提升、顾客投诉率飙升等问题亟待解决。

(3)策略落地。通常指业务策略落地过程中分解出来的人员能力短板需要补齐。例如,2019年华为销售终端的策略方向是"高""深""全",意味着发力高端、下沉乡县、拓展品类,这里面很多都涉及人员能力的匹配。

"三软"是三种通过组织能力提升支持业务改善的需求类型，它们看起来比较"软"，但很多时候会放大培训的效果，比如本章开篇那个供应链国家主管能力发展项目的例子。

（1）**变革助力**。变革通常意味着公司的业务和组织能力转型，由高层发起，耗时良久，由新业务、新文化、新技术、新管理等触发点引发。变革类业务的梳理，可沿着四个阶段进行：变革认知、变革设计、变革推广、变革固化。学习也可以围绕这四个方面进行。这四个阶段可以在多个层面重复发生，如公司层面、地区部或代表处层面、项目层面等。

（2）**协同效能提升**。这也是华为比较有特色的一类业务需求，华为有很多重要的新业务或重大项目需要从单兵作战转为团队协同作战，这时单一岗位的赋能训练并不能满足培训需求，还需要将团队集中起来围绕协同的关键作战任务，开展整建制的赋能和演练。

（3）**关键岗位胜任**。基于经验，通常会有以下两种关键岗位。

①新出现的岗位，如终端大店店长、部门经理、陈列专员、生态服务专员等。

②面向未来或转型，缺口大的岗位，如解决方案"重装旅"大IT、大管道、大视频业务相关的岗位。

可以看出，六类需求之间有时是相互交叉的，如业务问题的产生可能是单兵作战合格，但团队协同效能严重滞后造成的。不过这不要紧，"三硬三软"的划分是给你一个大致的框架和思路，提示你不能仅盯着业务一端，还要学会从组织能力方面发现和验证问题。

"三软"的分类还会给集训班级的编排带来直接的影响和输入，具体如下。

变革类学习项目，梳理基于变革主题下的各类角色和职责，然后根据需要组班，如华为的变革预备队分为李冰班、詹天佑班、阿甘班等。

协同类学习项目，一般横向跨职能组班，必要的时候还会跨公司内外部组班。

基于关键岗位胜任类的学习项目，通常有两种组班方式：①纵向混合（有经验＋无经验）组班，②同专业或同级别组班。

搞清楚了需求的三个层次之后，我们来看看需求分析的总体思路，如图3-2所示。

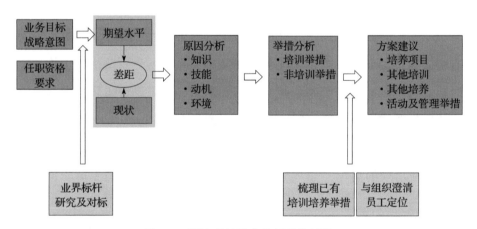

图3-2　训战项目需求分析总体思路

项目开始先做业务需求分析，包括整理确认组织业务目标、高层战略意图及其与人员绩效的关系。这一环节通常采用资料梳理、座谈会和一对一访谈的方式进行。这一步在华大的需求分析里至关重要，通常要花去需求分析一半的时间。我在华大时发现，很多设计师间的功力差别不在后端的专业技术上，而在对于公司发文、战略会议内部文件、任正非讲话的理解和解读上。

整理形成初步理解后，将理解成果作为绩效需求分析的输入。绩效需求分析是整个需求分析的核心环节，需要结合期望水平和现状，明晰差距，然后再对差距进行原因分析，以识别培训和学习是不是导致绩效问题的根本原因。这一步的思路也就是业界绩效改进（HPI）的大致思路，只是华大不会做得特别精细，原因是基于前端的业务需求分析，基本上训战项目都比较精准地对准了业务需求，一般不会出现业务问题和绩效差距与人员能力毫无关联的情况。

绩效需求分析完成后，才是学习及学员需求分析，它包括学习内容的拆解以及形成交付（例如分班、排课、互动、线上线下运营）等动作的总体规划。

需要注意的是，如果分析针对的是重点人群或者组织内部的新业务，通常还会在业务需求分析完成后，匹配业界标杆的研究来夯实对于人群培养目标的理解。

另外，后端在形成方案建议时，也要避免就事论事，应同步考虑现有其他的培训培养方案如何有机搭配或协同的问题，同时跟委托方再次澄清项目及培训对象的定位。

下面我们通过一个案例来回顾上面提到的需求分析思路。

2018年11月，内部客户突然找到我们，说要对一线零售直面消费者的骨干人群进行技能培训，原因是领导之前在一个内部讲话中专门提到，要赶在春节消费旺季来临之前对一线零售人员进行销售和服务技能的训战，提升有温度的服务。

我们赶紧找了当时的会议纪要来看，原文是"当前培训重点为接触消费者的最末端群体，要通过培训提升体验店店长助理、体验店片区经理、导购员和督导的战斗力，提升消费者的感知，提升华为品牌温度，需尽快建立能力培训体系"。

这是一个典型的高层对于培训工作的指示，短小精悍却信息量巨大，虽然有大方向，但是缺乏明晰的聚焦点。于是，第一步我们试图联系领导，从源头做一些澄清确认。但不巧，这段时间他特别忙，没有时间，他把这个项目直接授权委托给内部客户负责人马总（化名）。马总也无法给出更多的信息。于是我们向马总请教，领导之所以提出这样的培训要求是不是因为最近有什么事情触发了他的这个想法。马总给出的回复是，没有什么特别的事情，这些是领导一直在强调的方向，要有的话，2019年的业务策略与消费者感知这两块可能是他考虑这个问题的重要着眼点。

从源头获得的信息有限，那我们只有按照训战项目的惯常思路，去盘点业务背景和诉求。2019年华为销售终端的策略方向是"高""深""全"，意味着发力高端、下沉乡县、拓展品类，但目前谈到的培训重点是接触消费者的末端群体，而下沉乡县的重点是渠道建设，这两者似乎相距较远。但发力高端和拓展品类两个点是有关联的，因为卖好高端机和拓展好新的智能全产品的第一道阵地就是门店，尤其是空间宽敞、产品齐全、形象良好的体验店。

这样看来，对于训战赋能人群的第一优先选择，应该为体验店店长助理和体验店片区经理。到底选前者还是后者呢？我们又对华为近两年的业务发展态势进行了分析，这两年公司的一个趋势是店越开越多，也越开越大，从最早的柜台店到综合店，再到现在的体验店甚至类似Apple Store的智能生活馆；另一个趋势是从委托渠道经营，到逐步介入自己运营，体验店店长助理这个岗位就是这种尝试的一个集中体现。体验店店长助理是2017年才设立的新岗位，每个体验店配置1～2人，代表华为协助合作伙伴店长对门店进行管理，工作重心在于打造华为品牌和提升消费者服务满意度。如果开店和自营两大趋势不变，就意味着公司会需要越来越多的懂大零售门店店面经营管理的人才，体验店店长助理很可能成为公司零售阵地建设的人才种子库。盘点到这里，我们的思路清晰了，第一优先人群显然应该是体验店店长助理，而且针对这个人群，既要考虑当下的培训需求，也要结合长远的人才培养规划建立一个阶段性的培养体系。我们把这些想法跟马总做了汇报，他非常认同，至此，业务需求分析的部分算是告一段落了。

接下来是锁定近在眼前的这次赋能，赋什么能，涵盖哪些要点？一方面，我带领项目组对店长助理的岗位职责进行分解，拆出了店长助理面向的四大关键打交道对象（消费者、合作伙伴、店员、公司内部）和13个重点工作任务；另一方面我们在南昌、石家庄两地花了一周走访相关人员，在店面和办公室与目标学员、学员上级、客户都进行了深度访谈，也实地观摩了店长助理给消费者提供的服务，如体验式销售的过程，以及门店消费者教育的实际情形。在这个基础上，我们整理了一份完整和清晰的需求调研和高阶分析报告。

2018年11月底在北京，应我们要求，内部客户专门召集了一个工作坊。20多位各层级各职能的业务专家与会，在会上我们分享了前期对于业务分析的思考和基于一线深度调研的洞察，建议对体验店店长助理的赋能分当前和长远规划两个部分展开。整场会议大家十分专注而投入，唯一的分歧点在于两位领导都希望集训内容更加完整和全面，在有限的时间里包含更多内容，而我们经过前期的分析和实地调研，发现很多课题比如如何给店员赋能、如何开展消费者教育等，其根本瓶颈不在于技能而在于环境和机制，所以希望能更加精简和聚焦。于是我在现场临时策划了一个简短的团队共创，综合专家意见，最终把重点赋能课程确定为"全场景销售""提升服务体验""高效的华为店内消费者教育"等四门课，这就为后续更加精准的赋能和演练铺平了道路。

会议结束后，一位之前从未打过交道的业务领导上来握着我的手说："庞老师，你这上面展示的情况太贴近我们实际情况了，很多话都说到我们心里去了。"我感谢了他的认可，心想，前面两周进行了扎扎实实的业务分析和调研，果然是功夫不负有心人。

这之后，训战就顺利进入了详细设计与开发的过程。这个案例很多具体设计开发的环节我会在本书其他部分介绍，这里就略过了。

我想借助这个案例展示一种非常典型的情况，那就是对于一个初始需求模糊不清的训战项目，开发设计人员如何一步步抽丝剥茧对准业务需求，又如何把业务需求作为输入，一步步厘清和锁定赋能人群和赋能点，在完成绩效需求分析后，剥离出关键技能短板，从而保证后续的训战能够精准打到点而不是浅尝辄止。希望你能对照图3-2的过程加深体会。

三张表把握需求调研分析的实操要点

上面案例的介绍重在通过一个实例勾勒需求分析的总体思路，但真正的需求分析远远不是以上描述的这么简单。在华大，一般落实在实操层面，我们会先思考五个大的问题，以下重点谈 Why 和 When，另外三个在后面通过表 3-1 来详细阐述。

（1）Why：厘清调研意图。为什么调研？需求调研是为了达到什么目的？获取哪些信息？

千万不要一上来就发问卷或者做访谈。在华为，我们一般会先消化公司文件和领导讲话，梳理出一个大致的思路后再开始调研，并逐步扩展思路，不断印证自己的判断。这样做好功课后开始调研既能避免抓瞎，又能节约干系人的时间，提高效率。

（2）When：确定调研顺序。什么时候调研？先调研谁？后调研谁？为什么？

调研顺序一般遵循的原则是自上而下，即业务部门领导、学员上级、专家、学员。这样做的好处是能更好地呼应前面提到的业务需求分析、绩效需求分析、学习及学员需求分析的次序，也能更好地带着业务诉求出发。

然而，在华为，一般自上而下调研完了会再回到业务领导那里沟通确认。有的时候，业务领导会直接要求先去一线调研，有了初步的发现和结论再来跟他对接，这通常暗含一些考验的意味，而且他也不想急于把方向限定死。

按照这个顺序在一线调研可能就要有些变通了，因为一线接待各种领导和总部参访太有经验了，如果刚到一线就坐进办公室跟领导们碰头容易形成方向性误导。当然，好处是可以对业务大体情况和可能的调研方向和重点形成一个认识。到底是先去办公室座谈还是先去一线实地走访，取决于你对业务的了解情况和人员配合度。对业务了解越少，人员越配合，时间自由度越高，你越应该先去一线摸排了解实际情况，然后再带着一线的问题回来进行核对。如果还有需要，可以再去一线补充更加聚焦的二次调研。

（3）Who：明确调研对象。调研谁？选择哪些相关人员展开调研？

（4）What：输出调研重点。调研什么？针对每类调研对象需要问哪些问题？

（5）How：选择调研方式。如何调研？采取什么方式调研？由谁来调研？

表 3-1　调研总体规划表

调研对象 Who	调研重点 What	调研方式 How
项目发起人	• 组织期望和要求 • 发起项目的战略意图和业务思考 • 目标学员的关键任务及典型的作战场景或目标学员需要具备的核心技能及当前能力短板	一对一面谈
总部职能线业务主管&业务专家	• 组织期望和要求 • 目标学员的核心职责、关键任务及典型作战场景 • 目标学员需要具备的核心技能和当前最大的挑战及困难	一对一面谈或电话访谈；结构化研讨或座谈会
区域业务主管&学员上级	• 业务主管的期望和要求 • 目标学员的核心职责、最重要的任务和挑战场景、需要具备的核心技能、当前最大的挑战及困难	一对一面谈或电话访谈；结构化研讨或座谈会

（续）

调研对象 Who	调研重点 What	调研方式 How
区域业务主管＆学员上级	• 标杆人员具备的特质，新手和老手最大的区别，老手的经验和新手常犯的错误	一对一面谈或电话访谈；结构化研讨或座谈会
学员代表	• 对自身角色、职责和组织期望要求的理解 • 当前的工作重点和最大的困难与挑战，急需提升的能力 • 自身的成功经验、标杆人员需要具备的特质 • 期待组织提供的帮助	
学员	• 目前遇到的最具挑战性的工作场景 • 最需要具备、掌握或提升的知识和技能	电话访谈，问卷调研

概括起来就是"高层问意义，中层问差距，标杆问经验，学员问痛点"。对高层主要了解组织期望、发起项目的考虑和宏大的业务背景，很多时候他们不说，我们是猜不到的。对中层职能线和业务专家，主要问目前的绩效和学员能力差距，以及作战的任务场景，这些他们相对更加了解。对绩优员工主要问他们感知到的普通员工的角色认知和能力上的差距，以及基于这些差距他们所观察和感受到的经验教训。对学员通常不问"你觉得你的短板在哪里"这样的问题，因为这些问题他们一般都不太清楚，而只能关注到"我感觉××比较有挑战，××最需要培训"这样的痛点问题。

调研方式是另一个变化多端的实战要点，表 3-2 展现了常用的六种调研方式的优缺点和实施提示。

表 3-2 六种常用调研方式对比一览表

调研方式	优点	缺点	实施提示
个人访谈	• 可以收集到丰富的数据 • 可以不断追问 • 允许观察身体语言等非语言信息	• 比较耗时 • 信息来源比较主观，需要其他渠道信息验证	• 提前准备访谈大纲 • 让内容专家帮忙审查和修改访谈表或试测 • 提前告知受访者访谈目的 • 保持一定灵活性
实地观察	• 是发现工作如何完成的最佳方式 • 对工作岗位和任务有全方位立体认识 • 有助于发现绩优员工的最佳实践和独特方法	• 被观察者可能造假 • 被观察者的实际工作受到干扰 • 覆盖面有限，需要同其他方式结合运用	• 确保提前告知被观察者他们为什么会被选中以及调研的目的 • 尽量保持安全距离，以免影响被观察者真实发挥 • 如有可能，尝试体验对方的实际工作，有助于加深体会
小组访谈	• 允许受访者基于他人的激发来修正或夯实自己观点 • 有助于看清全貌	• 管理不当容易转变成"诉苦大会" • 领导或高资历者在场会对其他人发言有所抑制 • 管理发言次序和引导讨论难度增加	• 仔细筛选参与者 • 尽量将员工和直属上级分开进行访谈 • 提前告知参与者基本规则（尤其保密性） • 最好使用录音设备记录 • 使用结构化研讨的技术和方法

（续）

调研方式	优　点	缺　点	实施提示
问卷调查	• 能一次覆盖众多调查对象 • 在线调查工具普及，收集数据效率高 • 便于形成量化的调研结果，增进说服力	• 很难预测调查对象如何理解问题 • 无法开展深入的后续追问 • 回复率一般较低 • 不适合开放式问题	• 使用专业的在线调研工具 • 做好试测，不断优化 • 保持合适的题量和次序
测试	• 确定学习收益的最佳方式之一 • 实施比较快速 • 便于形成量化调研结果，增进说服力	• 设计优质的测试本身耗时费力 • 考试焦虑可能扭曲测试结果 • 有跨语言障碍时，翻译可能影响测试结果	• 想清楚实施测试的目的和结果如何应用 • 做好试测
文档回顾	• 通常是收集绩效问题硬数据的唯一方法 • 如果数据来自有效的绩效记录，其可信度很高 • 比收集定性数据的速度更快 • 可以给后续调研揭示很多线索	• 文档可能难以获得 • 文档本身有时真实准确性存疑	• 宜精不宜多 • 提前做好收集规划 • 跟受访者提前打好招呼并及时跟进 • 提前了解干系人对文档材料的信赖程度

在华为，应用比较多的是文档回顾、个人访谈、实地观察和问卷调查。我个人觉得最容易被忽略的是文档回顾和实地观察，这两者结合起来往往能够发挥四两拨千斤的奇效。本章稍后还要展开说明这两种调研方式。

确定了调研方式，还有一个问题也很关键，那就是围绕哪些问题展开调研。不仅正式的访谈需要用到这些问题，实地观察和文档回顾也需要辅以问题的探索和印证。

表 3-3 展示了一个完整的访谈思路包含的问题清单，在具体实施时，这些问题可根据访谈的对象和层级灵活调整。

表 3-3 训战学习项目访谈问题清单

一、澄清战略意图、绩效目标、期望要求
场景一：赋能目标对象明确
1.问目的：为什么要给这群人赋能？他们对组织绩效的影响有多大？
2.问期望：你对这群人有什么期待？你对这群人中新进的、发展中的、成熟的分别有什么期待？
3.问要求：你认为这群人应该达到什么标准才是合格的（或者是优秀的）？你如何评估这群人当前的水平？
4.问差距：他们当前在哪些事儿上有什么差距？
场景二：赋能方向明确但目标对象不明确
1.问目的：为什么要赋予这个能力？这个能力在当前对组织的重要性体现在哪些方面？
2.问对象：哪些人需要赋予这个能力？这些人因其岗位不同，对同样的能力要求在掌握的程度上、维度上分别有哪些不同？
3.问期望：你对这个能力有什么期待？你认为新进的、发展中的、成熟的团队应该分别需要掌握到什么程度？

（续）

4. 问要求：你认为对这个能力掌握到什么程度达到什么标准算是合格（或者是达标）？你如何评估当前的能力水平？

5. 问差距：当前，在这个能力上的差距具体体现在哪些人群、在哪些场景下、完成哪些工作任务时？

二、明确任务、场景、标准

1. 问任务：对某个岗位而言，当前五个最关键的任务是什么？

2. 问场景：在不同地区部、不同情况下，同样的任务是否有不同？具体有什么不同？通常会分为哪几种不同的情况？

3. 问标准：这些任务完成的标准是什么？什么样的情况完成得好？什么样的情况不好？完成得好的任务通常会包含哪些要素？

4. 问标杆：目前有没有谁或者哪个区域做得比较好？怎么好？为什么会认为他做得好？他会怎么做？其他人或区域会怎么做？

5. 问挑战：在完成这些任务时，主要会遇到哪些挑战？这些挑战背后的原因或者影响因素有哪些？这些原因和因素跟人的能力有关还是跟政策、机制、流程、资源、文化有关？

三、明确所需的知识与技能

1. 需要提升什么能力？对能力的描述需要具体明确，并且与任务挂钩。

2. 需要具备哪些知识？

3. 需要上什么课？课程的中心思想是什么？

四、明确希望学习的内容及方式

1. 选哪些场景具有典型性和代表性？

2. 用哪个区域或谁的案例？要不要用外部案例、业界标杆案例？

3. 用什么样的学习方式？

4. 用什么样的组织形式？

需求调研实战中的两大核心抓手

在实际工作中,我发现,初级水平者做需求调研喜欢发问卷,中高级段位者很偏好访谈。基本上项目一启动,中高级段位者就成天泡在客户办公室或者在会议室给客户和业务专家打电话。我问他们怎么不去一线实际看看,他们往往回答说去了客户也没空接待,而且去一线实地调研很低效,往往也调研不出啥名堂,所以后来就不爱去了。我的经验告诉我,访谈虽然是一种很有力的调研手段,但通过它拿到的毕竟是二手信息,而如果去一线和现场,对于很多你在办公室百思不得其解的问题,你往往会茅塞顿开。关于如何做好现场实地调研,我觉得以下两个核心抓手可能是你经常忽略的,但实际上它们至关重要。

开门见山,两个核心抓手是关键场景和可视成果。

核心抓手一:关键场景

对于员工来说,关键场景一般指关键任务场景。那么什么是关键任务场景呢,我们通过下面的案例来说明。

2018年,我们受邀开发一个零售督导的训战项目。此次调研的核心对象是华为一线的督导,因为他们大部分时间是在市场上巡店和拜访客户,所以很自然地,跟随他们一起去巡店成为理所当然的首选调研方式。

可是我们跟着巡了几次店就发现不对劲,因为巡店的过程大同小异,而且感觉很平淡,他们无非是跟店长、店员沟通,跟导购核对一下目标等,这样我们能看到的东西很快就雷同了。

于是我们果断调整思路，要求看他们去跟客户谈进店的过程，看他们去门店做贴柜培训的场景。这一看，信息一下就丰富起来了，他们做得怎么样，问题在哪儿，一目了然，比起之前单纯在办公室问或者跟他们的领导访谈，要直观和立体很多。

这种在现实工作中代表典型挑战，做得好与不好会带来直观结果差异的工作任务场景就是关键任务场景。比如此次零售督导训战中一大业务背景就是下沉乡县，这意味着要跟乡县客户谈进店，这个问题比较棘手，而且谈不好就会直接丧失业务机会，深度地观察一下这个场景就比较能反映问题。

常见的关键任务场景有哪些？

销售类工作：客户谈判、跟客户做生意回顾、开产品介绍会、投标讲标、做客户演示等。

管理类工作：开战略决策会、开团队例会、定目标与分目标、一对一辅导谈话。

培训类工作：需求调研、课件开发、讲授呈现。

总的来讲就是围绕常见、棘手、重要而且有直观成果衡量这四个角度来筛选关键场景。

有时关键场景不容易看到怎么办？

因为关键场景的发生频率和可暴露性不一样，所以的确会出现有时候不容易观察到的情况。例如，管理者做绩效沟通和谈话，这样的场景可能半年才有一次；销售的生意回顾也不是随时想看就有的。我的经验如下。

（1）**提前规划和安排**。比如我们计划两周后去调研销售的谈判能力，提前就要跟一线打好招呼，要求他们如近期有重要的客户谈判场景要允许我们去观摩，而且我们要清楚表明意图，以免误判，越早规划对一线来说就越容易安排。

（2）**工作做在平时**。作为企业内部培训人，本身就应该发挥贴近业务的优势，平时多做一些累积。我之前在美赞臣工作时，就在开大区季度会时聆听一些区域业务回顾，并且把一些典型的汇报演示PPT要过来，从中可以看出销售经理在业务规划、数据分析、汇报呈现等方面的问题，到了真要做类似课程时我已经积累了基本的感觉和判断。

（3）**考虑模拟展示**。有时，对方在你调研的时段确实没有类似的工作，而你又很希望了解和把脉，也可以要求对方做一些模拟。比如我们在督导调研时就要求对方在一个门店里做一次贴柜培训，有些药企、消费品零售企业会要求自己的经理协同下属拜访完客户，立刻开展辅导反馈。如果你实地调研时没看到这样一个信息量很大的场景，也可以要求对方重现和模拟一次近期发生的辅导。

对于绩效对话这样的主题，你也可以要求对方跟你做角色扮演。这里面虽然有即兴、准备不充分和紧张等因素干扰，但可以大致看出问题和症结。

核心抓手二：可视成果

前述的跨省市调研除了瞄准督导外，我们同时还关注零售培训团队的能力提升。之前我们一直在纠结，基础赋能到底首先应该解决讲授和引导的问题，还是首先解决经验萃取和课件优化的问题。一路上我们跟零售培训师和培训经理做了不少交流，但大家众说纷纭，方向不明朗。

直到在成都，我们要求培训团队给我们展示他们近期做的四个课件，一下子所有人豁然开朗了。因为看完课件，大家都明白了关键所在，很明显他们的问题在于课件内容不接地气，而授课演示的问题不大，这就是可视成果的力量。

常见的可视成果有以下三类。

（1）**数据**：用户数据、销售数据、财务数据、客户满意度数据、生产质量报告等。

（2）**文档**：工作汇报、客户演示文档、客户投标书、生意回顾材料、复盘总结、客服人员电话录音、活动策划案等。

（3）**动作**：销售人员提问、客户演示的展示、现场培训等。

以我们此次调研的零售督导为例，他们的两个关键任务场景及相应的可视成果如表3-4所示。

表3-4　可视成果示例

关键任务场景	可视成果
零售沙盘分析与片区规划	• 个人片区零售沙盘分析 • 述职汇报PPT • 月度效益奖金核算表
无促门店销量提升	• 重要无促门店的进店政策 • 进店协议

关键场景和可视成果相辅相成。关键场景中通常都会有可视成果，而可视成果可以倒推关键场景的产出和梗阻点在哪里。如果这两个抓手用得好，你经常会有"看君一次秀，胜访十回谈"的感慨。

本章介绍了训战第一步需求分析的要点。首先，从三个层次去拆解需求，它们分别是业务需求、绩效需求、学习及学员需求。

其次，给出一个整体的框架，帮助你把握需求分析的思路。实际训战项目的案例要比我前面列举的复杂得多，但是总体思路是一样的。

再次，通过三张表梳理了调研总体规划、调研方式选择、访谈问题设置这三大实战要点。

最后，特别列出了两大容易被忽视的重要抓手——关键场景和可视成果，牢牢把握这两大抓手可以更加高效地验证调研发现、获得深刻洞察。

精准地对标业务需求是训战项目的出发点，我们在华大内部甚至有一种说法——"纠结于效果评估的培训项目，90%都没有对准顶层业务需求"，与其在后期花时间"滴血认亲"，不如在一开始多花些时间找准靶子。

需求明确了，下一章我们将一起描绘训战蓝图，还原任务场景。

第4章

蓝图：还原任务场景

> 合同场景师首先要了解业务场景、交易条件、伙伴的需求、政治及社会……也要学学遥感遥测，都要用先进工具画网络拓扑图。将来合同场景师脑袋里面是个多层地理立体图，当地的民风、民俗、河川、湖泊等都在他的脑袋中，所以他做出的合同才可能是贴近现实的。
>
> ——任正非

以前在宝洁做大客户经理时，公司每年都要求我们跟所负责的关键客户（key account，KA）做联合生意计划（joint business plan，JBP）。JBP可以理解为宝洁跟重要客户之间关于明年或者未来三年的一揽子策略共识和行动计划，包括业务目标、购物者洞察、业务增长点、各职能配套支持的举措等。我后来离开宝洁去其他外企工作了，非常怀念宝洁的诸多贴心赋能措施。比如宝洁总部会提供非常完善的JBP工具包、模板、指引，以及不同等级客户的JBP样例供一线同事参考和使用，这些内容简直就是"傻瓜版"指南。我去的其他外企基本只有一个指令和薄得可怜的几页PPT模板，然后就告诉一线："好了，兄弟们开干吧！"

可是，冷静反思自己在宝洁工作期间谈 JBP 的经历，不得不说，虽然工具包很翔实，模板很精美，但真正能用上的却没几个。原因就在于，公司提供的工具包、模板只解决了场景化学习三要素中情景的问题。任务痛点有没有呢？看起来似乎有，比如如何约到客户高层、如何跟他们谈购物者等，但其实没有用。因为它没有深入梳理场景分类，如负责国际化大客户沃尔玛、家乐福的，负责本土大客户北京华联、华润万家的以及负责地方零售客户红旗、郑州丹尼斯的等。其实谈 JBP 除了大的流程步骤基本一致，面临的挑战可以说形形色色、截然不同。挑战和痛点既然没有识别到位，提供的解决方案自然也是大而化之，无法有的放矢。有经验有悟性的同学不看这些东西也能搞定，但是赋能包针对的我等普通员工却始终没法领会其精髓。

宝洁的这些工具都是渠道营销部自己在负责，压根不需要培训部门参与，所以宝洁的销售培训部门得以保持非常精简的编制和规模。然而，有效地还原任务场景，给出有针对性、有实效的场景化学习解决方案，是需要很高的专业度和实践积累的。这个案例恰恰说明场景化学习的实施，最好由业务部门和专业的培训部门联合起来，用科学的方法指导才能让其真正落地。

上一章我们谈了如何在训战项目一开始就对准业务需求，为项目赢得良好的开局势能。然而，需求分析只能确保大方向不跑偏，这时关于训战项目的勾勒总体上是比较高阶和粗线条的。如果说需求分析是用探照灯锁定目标，那么本章所谈到的还原任务场景就是用显微镜对目标进行精细的解析。这一步对于训战非常关键。在第 2 章里，我们谈到关键场景是训战落地的核心抓手，本章我们来看到底如何进行还原。

上接战略、下接绩效的金钥匙

2012年，时任用友大学校长的田俊国老师出版了一本在业内影响深远的图书——《上接战略、下接绩效——培训就该这样搞》。从这里开始，上接战略、下接绩效成为一个广受认同的培训理念。还记得当时读完这本书，我不禁陷入沉思，如果着眼于一个项目的层面，这一理念到底要如何实现呢？当时的我没有答案，今天我却可以斩钉截铁地回答，把握关键任务，就能有效地贯通战略和绩效。

为了帮你体会到这一点，我们来看一个例子。

　　一家知名手机企业一直想在高端机上发力，但是其市场表现却不尽如人意。公司盘点了自己的品牌、营销策划、定价等资源要素，发现了不少机会点，其中在销售一线有一个短板是急需改善的，那就是渠道的销售不够好，若干次巡店都发现门店的销售在3000元以上档位就推不动了。于是，这被作为一个培训需求提交给销售部门。

　　提升高端机销售占比，这听起来似乎是一个非常清晰的业务和培训需求，可是培训什么呢？可以讲的东西感觉有很多，于是销售部门找来一家长期合作的某培训机构。这家机构专门负责辅导渠道和终端的零售人员提升业绩。销售部门在高层指引外还添加了自己的需求，那就是近年来自家导购在门店里越来越不受待见，很多门店明里暗里都不欢迎该品牌导购入驻或者增员了。销售部门表示反正都是针对一线渠道和导购的培训，能否把这两个问题合并在一起开展培训。

　　业务策略和目标看起来都很清楚，明确指向如何在既定的产品和营销策略之下，实现高端机销售破局。这时，如果是你的话，你会如何设计这样一个一鱼两吃的培训项目？到底该针对什么来开展培训呢？

这家培训机构问了一系列的问题着手进行拆解。

"门店做什么最有利于高端机销售呢？"

"什么是渠道和门店最希望该品牌导购做而他们却做得不好的呢？"

"这两件事情有没有交集呢？"

这家培训机构围绕这些问题展开思考，基于自身多年的洞察和在行业内摸爬滚打的经验，加上对门店的深入调研，它很快发现这些问题还真有共性答案，那就是要学会推分期、推套餐、推以旧换新。因为该品牌用户的年龄偏低，购买力偏弱，他们买高端机时常常因为要一次性拿出三四千元钱而有所犹豫。门店销售人员原来的思路一直都是强调卖点以吸引顾客，但顾客的钱袋子就那么大，吸引力再大很多人也还是下不了一掷千金的决心，所以新的销售思路不再是一味强调产品的功能和卖点，而是帮助顾客降低购买门槛。门店里的各种金融分期服务、运营商套餐以及以旧换新的政策都能够切实有效地降低首付门槛。另外，该品牌导购之所以在门店不受欢迎是因为该品牌主打中低端市场，毛利相对有限，而导购受公司考核政策牵引，又不去帮门店推毛利较高的金融分期、套餐业务，所以门店认为该品牌导购帮助不多，麻烦不少，因此比较抵制。

现在通过指导导购从只会卖单机，转为充分借助分期、套餐、以旧换新等活动，不仅有效地转化了因为一次性投入偏大而犹豫的换机顾客群，还顺便贴合了门店的需求，帮助它们在手机之外获得更多的综合收益，一举多得。这一培训项目实施后获得了经销商、导购和该品牌厂家的一致认可和好评。

这个案例中的关键成功点就在于瞄准看似清晰的业务需求——提升高端机占比，将其转化为一线销售人员的关键任务——从只会卖单机到学会借助分期、套餐等资源卖解决方案。这样，只要支持导购更好地完成这一关键任务，就有力地支撑了业务策略的落地。一个看起来不切实际的方向，通过关键任务这一抓手，顺利地实现了从战略到绩效的贯通。

在《将培训转化为商业结果：学习发展项目的 6Ds® 法则》这本书中，作者提出了一个业务结果学习转化的小模型，呼应了我提到的这个贯通抓手，该模型帮助我们从期待哪些业务结果（为什么），推导如何实现这些结果（做什么），再推导出需要学习哪些内容（怎么做）（见图 4-1）。

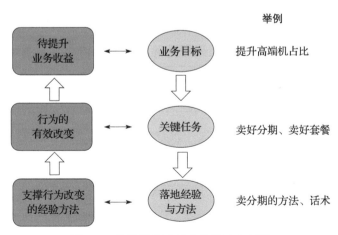

图 4-1　关键任务连通业务策略和绩效

这里所谓的做什么，就是指员工行为的有效改变，其落脚点就是关键任务。就像在上面的例子中，期待的业务收益是提升高端机占比，然而，落实在培训对象的行为上是，他们卖好分期等解决方案才能有效支撑这一业务结果的实现。这提示我们只要能锁定支撑业务目标实现的关键任务，就能从中找到训战赋能的突破点，进一步分解到底应该给学员提供什么内容和演练。这个流程从下往上看也很通畅，针对性的知识技能（落地经验与方法）支撑关键任务的履行，关键任务的更好履行支撑业务目标的实现。

关键任务是一个很好的切入点，然而，有时关键任务定了还不够，还需要描绘清楚任务是在什么条件下完成的，不然会发现同一个任务在不同条件下完成几乎有天壤之别。我们都听过一句话叫"淹死的都是会水的"，我最初听到这一说法的看法是：那当然了，不会游泳的根本就不敢下水，当然淹死的就少，这不就是一个概率问题吗？后来我在得到App上听万维钢老师分享了一个数据后改变了自己的看法。美国做过一个统计，游泳溺水是导致1～4岁儿童死亡原因中占比最高的一个，比交通事故还高，而且2/3溺水而死的儿童都是游泳游得很好的小孩。难道是艺高人胆大，他们经常挑战更危险的区域？研究发现并不是。其实是因为小孩溺水的时候，他们的反应跟大人不一样。他们不会挣扎，不会呼救，更不会拍打水面引起周围人的注意，而是安安静静地就沉下去了，当父母或者泳池救生员发现并施救时，往往已经酿成了惨剧。

这让我意识到，游泳课教授的是技能，是能下水，主要包括让小孩子对水产生舒适感、不怕水，能浮起来、游起来。这些都是常规技能。但是防溺水，显然是另外一项技能，是出现意外情况时的应对技能。累了游不动了，抽筋了，受伤了，穿了衣服下水不舒服……这些时候该怎么办？解决这些问题的技能才是防淹死的技能。

面对这些意外状况，孩子如何保持镇定，不慌乱，集中注意力，击打水面引起大人注意，这些都是普通游泳课不教但对出现意外时自救特别重要的。

这说明同样是针对游泳的任务，如果不区分目的和场合，有可能出现赋能南辕北辙的问题。常规下水游泳和危急时刻防溺水，就是两个截然不同的场景。进一步细分下去还可能衍生出参加游泳比赛、野外游泳玩耍、下河捞鱼等场景。一把钥匙开一把锁，既知道要做什么，又知道在什么条件下做，才能更好地锁定赋能点，前者就是拆解关键任务，后者就是还原典型场景。

如何拆解四类关键任务

拆解关键任务是指针对一个主题，拆解出其中对于业务目标影响最为紧要的任务，一般可以分为四种情况：单一工作任务、复合工作任务、长周期工作任务、模糊业务需求。

为什么要拆解？因为只有明确独立的工作任务才能划清边界，让学员更好地进入学习状态，也方便对准任务安排教学内容。反之，如果我们拿到的是一个模糊的方向，就不容易在后期规划内容和设计演练时有的放矢。

单一工作任务

单一工作任务一般满足这样一些标准：业务动作单一明确；任务自成一体，相对独立；一般表述为动宾结构且用字相对精准。例如，航空公司的地勤在登机口处理群体性事件，银行风控人员审批贷款，这些都是一个明确而独立的任务，我们称为单一工作任务。这种工作任务属于比较容易梳理的，一般直接沿用就好，或只需要做一些简单的澄清。这属于工作任务拆解中比较理想的一种情况。

复合工作任务

复合工作任务可以看成是一堆单一工作任务的组合。比如营销领域常见的大客户销售，听上去貌似清楚，但实际上如果不进行拆解，赋能时几乎是老虎吃天——无从下口，所以一般会将其拆解为采购行为分析、客户决策链分析、销售进入路径规划、客户价值评估、客户需求挖掘、销售方案呈现等。而一个近似的业务主题——大客户管理，则可能划分为客户计划、年度合同谈判、联合业务回顾、财务投入分析等，如果不做这种拆分在赋能时就可能眉毛胡子一把抓。你去搜索一下市面上的大客户管理培训，其内容从客户九型人格分析到 NLP⊖ 读心术等几乎可以无所不包。之所以会出现这种"下笔千言，离题万里"的情况，就是因为面对这种复合工作任务没有对准实战场景做好拆解。

长周期工作任务

长周期工作任务，通常指耗时较长、按照一定次序贯穿的一系列工作任务。例如，项目管理类任务通常会切分成立项、规划、执行、收尾四个不同阶段，解决方案销售类任务也可以分成前中后等不同阶段，每个阶段还有很多单一工作任务的组合。正是由于长周期工作任务这种可以按时间划分阶段的特点，我们一般在拆解长周期工作任务时，会先将

⊖ 全称为 neuro linguistic programming，意为神经语言程序学。

其切段，然后在每一个阶段里梳理典型挑战，以此来把握长周期工作任务的关键节点。

举个我们大家都很熟悉的例子。例如，定制实战精品课程设计与开发是一个典型的长周期工作任务，一门两天的精品课程，通常需要耗时2～3个月的时间来设计开发，如果要针对这个任务进行赋能，那么它在关键任务拆解过程中拆分出的典型挑战如表4-1所示。

表 4-1　课程设计与开发分阶段典型挑战拆分表

任务阶段	典型挑战
需求分析	• 如何将学习和培训需求对接到业务目标上去 • 无法识别出学习或能力在业务问题中是不是主要影响因素 • 当面对高层访谈时，很难挖到业务痛点及明确期望
课程设计	• 如何通过任务分析和场景还原识别业务课程赋能聚焦点 • 如何萃取和挖掘专家经验，提炼精准适配的干货内容 • 如何搭建逻辑清晰且对目标学员友好的课程架构
课程开发	略
培训实施	略
培训评估	略

模糊业务需求

以上三种情况的工作任务的主题还是比较明确的，无非需要费心拆解得更加精细一些。然而，有时训战的主题源于一个模糊的方向或者一个抽象的指示，这时没办法直接进行拆解，必须先对其进行转化。例如上一章提到的体验店店长助理的训战赋能案例中，针对领导提到的原始需求，如果调阅会议纪要来看只提供了"培训重点为接触消费者的最末端群体，……提升消费者的感知，提升华为品牌温度"这样一段话供参考。这段话如果从字面意思去解读，很容易把培训的方向设定为针对消费者服务方面的培训，然而，这与当时的业务策略方向以及学员可落实的重点是有偏差的，所以我们除了扎实的调研，还问了一个关键的问题："目标学员在岗位上做好哪些事情是最能体现这一业务方向的？"后来一步步梳理下来，才锁定了全场景销售、提升服务体验、做好门店消费者教育等关键任务。

如果回顾上面提升高端机占比的例子会发现思路是一样的，提升高端机占比这个原始需求几乎无法直接赋能，因为这是一个业务总目标，为此可以做的事情太多了，不可能一一赋能，所以解决的方法仍然是提问。

"门店导购做什么最有利于高端机销售呢？"

"什么是渠道门店最希望该品牌导购做而他们却做得不好的呢？"

"这两件事情有没有交集呢？"

在这两个场景下，都是希望从一个业务方向拆解出一些目标学员能够切实贡献的实际工作任务，围绕这些工作任务开展赋能，从而支持业务目标的实现。第2章中"有温度的HR"那个例子你也可以再体会一下，它们的思路一脉相承。

以上就是四种常见的关键任务拆解的情形，最终的目的是将笼统宽泛的主题拆解成相对明确独立的关键任务或典型挑战，这样才好对准目标开展后续的加工。比较专业的小伙伴可能还会提出，对关键工作任务的拆解，不是可以运用DACUM（支持教学计划开发的岗位工作流程分析技术）或者BAG（关键任务分析法）这些专业技术并与业务专家集中研讨来系统梳理吗？我们的实践表明，这些技术比较复杂，适合学习地图和课程体系梳理这样的场景，而大多数情况下，面向一个学习项目并不需要这么精细。所以我的建议是，要有拆解的思路和方法，能够拆出大体独立、明确的一系列单一工作任务就好。对工作任务的深入拆解，可以放到后期经验萃取挖掘时再来开展。

还原典型场景的四个要素

军队是训战的发源地，在军队中，作战目标通常被定义得非常明确。它们包括三个元素："关键的任务、执行任务时需要的条件，以及可接受的成功标准。"例如，在夜间，距离 2km 的范围内，击中以 35km/h 的速度在不平坦的地面上前进坦克的概率不低于 80%。如此清晰、准确的目标，使得判别一项工作是否成功完成很容易，也有助于训练对准作战场景和需要达到的绩效标准，避免事后检验和复盘训战效果时的困惑和莫衷一是。

这个例子提示我们，虽然关键任务的拆解帮我们把握住了主要的动作（做什么），然而，动作一样，条件不一样，训练重点可以完全不同，所以拆解出关键工作任务是不够的，还要还原出典型的任务场景。

军队训练的小例子也已经明确无误地告诉我们，还原典型场景其实就是卡任务的两头，即在什么条件下，要达到什么标准。

条件一般从四个要素来加以把握：场合、对象、任务类型、时机。我们用两个不同的场景训战来举例辅助说明。

（1）**场合**：即任务动作发生在哪里，包括地点、渠道、媒介、载体等不同表现形式。

针对体验店全场景销售这个大的任务主题，场合可能包括在展台前、借助样机时、在消费者教育讲座上等不同场景。针对终端国家主管经营能力培养这样宏大的主题，场合可能涉及市场公开与封闭程度、市场占有率水平等要素，可以根据这些因素将市场分成不同的类型来提升训练的针对性。

（2）对象：即任务动作针对的对象具体分类。这个条件要素在人际沟通和服务类课程中是一项很关键的区分要素。比如全场景销售任务主题中的对象可能包括不同职业类型的顾客，如大学生、年轻白领、孩子父母、老人等；也可以根据购买力对客户做高中低档消费分类；还可以根据顾客关注需求点将其分成商务办公、运动健康、居家生活等类别。无论哪种，都是为了更精准地识别任务动作在这一条件下是不是有明显的不同，从而区别处理。

（3）任务类型：即确认任务动作本身有没有不同的类型，但请注意这里的不同类型不是下一层子任务。比如全场景销售任务主题下，推销式销售、体验式销售、服务式销售都可以达成销售目的，但是它们的技能要点会有差别。

（4）时机：即任务动作发生的时点和阶段。比如全场景销售任务主题下，顾客刚刚进店时、顾客围绕特定产品逗留时、服务验机时、导入资料时等，都是可以把握的销售时机，但是具体的把握技能要点可能会有差异。针对终端国家主管经营能力培养这样的大主题，时机可能包括所在国家所处市场阶段是进入期、成长期、爆发期还是成熟期，这个要素跟前面的场合要素一组合就能筛选出课程针对的更加典型的市场，对于后期萃取案例定位代表性国家也会带来直接的帮助。

四个要素的组合会给场景带来很多可能性，那么具体如何把握和筛选呢？一般会采取专家判断和共创研讨的方法来确定，围绕频率（有多常见)、难度(有多具有挑战性)、紧要(绩效影响)、专家(有无专家)等四个方面来排序和筛选,确保只选择那些最关键的场景来展开训练,以提升训战效益。

还有一点要注意,四个场景要素有时会出现对某些任务而言,某一个或几个要素不适用的情况,这是正常的。四要素是一个完整的提示框架,不是必选项。

说完了四个输入条件,再来说评价标准,这也是实战中很容易被忽略的要点。通常情况下,一个任务动作完成后会有一个结果产出。比如篮球比赛定点罚篮,有多少个球投中;全场景销售中,成交率和成交金额是多少,顾客满意度怎么样;更复杂一些的认知任务,如机械故障排查中,识别准确率、耗费的时间等。我们会发现,如果不对任务标准进行界定和约束,容易导致顾此失彼,甚至杀鸡取卵的情况。比如快消品企业在新品上市强调铺货率的同时,还必须考虑动销率的问题,不然容易造成大面积呆死库存,给新品打开局面获得持续动销带来毁灭性打击。

任务评价标准通常从以下四个方面来考虑。

(1) **数量**:任务结果完成多少量,如产量、销量、人员招聘数量、接听电话数量等。

(2) **质量**:任务结果达成的效益,如合格率、利润、客户满意度、安全天数等。

(3) **时间**:任务结果消耗的时长和效率,如交付周期、开发周期、接待顾客平均时长、跟客户有效沟通时长等。

(4) **成本**:任务结果的财务表现,如单箱费用、营销千人成本、原材料采购成本等。

区别两类任务场景的差异

总结一下，输入—加工—输出，这就是梳理任务场景的总体思路。训战实践中做任务场景梳理时，依据岗位和任务性质的不同，通常分为两种情形。

流程型任务

流程型任务适用于专业职能岗位、有流程支持的项目型工作。这种工作的特点是一般有相对成熟的工作流程，但通常前端任务难度或任务场景变化多端，而且后端评价标准也会直接影响任务的具体开展。

例如，我之前曾经工作过的一家婴幼儿营养品企业，伴随着从医院内到医院外的业务转型，其消费者教育经理肩负的一项重要工作与日俱增，那就是举办"妈妈班"，也就是在宾馆和商城召集孕妈妈和准妈妈进行品牌的消费者教育活动。公司有一个官方的针对此类活动的基本指导流程，也有安利等保健品行业、银行卖理财产品等会销流程可以借鉴，所以一开始公司提出要做高产出妈妈班赋能时，我们觉得围绕这些流程的薄弱环节做一些强化就好。后来随着任务场景还原的深入，我们才发现事情没有这么简单。

妈妈班前端的输入条件严重影响了妈妈班里的关键动作和环节，比如妈妈班分为酒店会议室宣讲班和商场沙龙班，两者是不一样的，其对象也有差别。例如，面向准妈妈、孕妈妈、小宝宝妈妈或大宝宝妈妈办的活动不一样，后端的衡量标准就会有差异。有些班主要看品牌到达率和宣传教育效果，有些班重点考察现场转化率，这里面的手法和侧重点肯定也不一样，只有对这些要素进行清晰的考虑和编排，才能真正让这次赋能打到点上，收到实战效果。最后我们跟业务专家反复验证，最终确定保持大流程不变，但区分宣教班和活动班的场景，而且根据后期更重转化还是品牌宣传也对流程操作要点进行了针对性处理，结果收到了良好的赋能效果。

这个点也是很多课程看似做了任务梳理，甚至借鉴业界一些科学方法，例如运用 DACUM（支持教学设计开发的岗位工作流程分析技术）做了任务分析，结果仍然落不了地的重要原因。

综合型任务

综合型任务适用于综合型、变革型、决策型工作，如企业主管、总经理、项目经理、行业服务代表等岗位的工作。这种工作的任务特点一般是多维输入和多维评价标准且相对明确，但中间通常无法像客服或者销售人员一样遵循大体一致的作业流程，缺乏对关键业务活动、价值创造事件的梳理。这是因为，此类任务的输入条件和评价标准基本上是清楚的，但是因为面临的情境和问题纠缠难解，其过程很难匹配一个清晰规范的处理流程，所以基本上都是情境式的应对。这时只有围绕关键价值创造事件进行节点式的挖掘和梳理，才能准确地把握任务场景的全貌。前面所提到的终端国家主管就属于这种情况。

最后，具体到项目层面，任务场景的还原是最为重要的一个环节，因为它承前启后。业务目标只有借助关键任务才能连接绩效和行为，而场景的还原直接决定了赋能点是否清晰精准，还会影响后续经验萃取、实战演练、案例开发，甚至以考促训能否对准赋能点，如图 4-2 所示。所以这是一个必须引起重视的重点和难点环节。

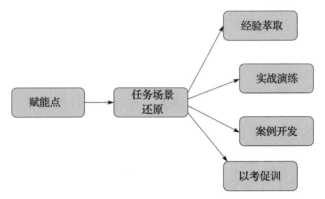

图 4-2　任务场景连接示意图

方法就是区分四类关键任务，把握四个场景要素，以及两类任务场景的差异。

上一章和本章介绍了训战项目前期需求分析和概要设计的关键要点，下一章我们将进入详细设计和开发的环节。

第 5 章

收割：萃取组织经验

> 人要善于总结，人的思想就是一根根的丝，总结一次打个结就是结晶，四个结就是一个网口，多打了结，纲举就目张了。总结得越多就越能网大鱼。
> ——任正非

华为对于经验的体会和认识

需求跟高层确认了，作战的任务场景也梳理清楚了，接下来就进入训战项目的设计开发阶段。组织学习肯定是内容为王，优质的、接地气有实效的干货内容可以来自很多渠道，但在一家类似华为这样的巨型多元化跨国经营企业中，最重要的渠道首推来自一线的最佳实践。

我在华大工作期间深感一线对于优质内容的渴求。尤其是对于久经考验、有口皆碑的老专家，以及关键项目从头到尾的亲历者，不论是评审课程的业务领导，还是"嗷嗷待哺"的学员，都对他们表现出极大的兴趣和热忱，经常出现某个连续参与几个大项目的20级大专家来讲课，底下鸦雀无声的情况。想想其实也很简单，华为人总体上都很朴实，都扎根于同一片组织土壤，自家菜园子里经受考验的栽种经验相比来自外部的标杆经验，显然前者更加管用，更容易复制和落地，况且华为的业务发展到现在，可供直接参照学习的外部标杆其实已经屈指可数了。

业界有一句只要谈及组织经验萃取就必定引用的名言，"华为公司最大的浪费就是经验的浪费"。其实这句话并不是任正非讲的，而是华为轮值CEO徐直军在内部一次知识管理大会上提到的。他的后半句也很重要，"我们十几万人的公司，全面推进知识管理，是让经验和知识能够为华为公司创造价值"。

在华为的组织经验萃取，既会针对失败教训，也会针对成功经验，前者的代表案例就是2010年的"马电"事件，后者则是2012年的埃塞俄比亚的案例。

2010年8月5日，一封来自马来西亚电信CEO的电子邮件发到了华为公司董事长孙亚芳女士的邮箱，该邮件对华为合同履约符合度（产品规格匹配）和交付问题、缺乏专业的项目管理动作（方式）、缺乏合同中要求的优秀的专家资源等问题进行了公开的投诉。这个一年前还被大家认为是合作典范的金牌项目一下子被推到风口浪尖，华为一边积极采取行动解决问题缓和客户关系，另一边从2010年8月中旬开始，从高层到一线基层作战单元，都开始对"马电"项目进行一系列的反思与讨论，从自身找问题，从思想和流程制度上找问题。这个案例后来被全文发表，华为对自己的过失与责任以及公司各层级的问题和反思毫不遮掩。这被当成公司核心价值观之一——坚持自我批判的经典教材。

这一事件在内部影响深远。其中一点就是触发了对于项目重销售轻交付、各自为政的反思。反思又进一步落实为流程及组织变革，并直接催生了本章要介绍的登舰方法论，用以在项目开始前就集合团队智慧和经验，排查雷区，加强协同。

2013年，时任北非地区部总裁邹志磊认为一线项目经验的互相分享做得非常不够。他认为中国区有很多好的做法，没有传递到海外，有些知识甚至还在运营商那里。他在北非需要这样的经验，但是没有合法的渠道可以拿到。比如埃塞俄比亚这么难攻的国家，最后我们到底是怎样成功的，有什么经验和教训，这不仅对自己很有帮助，也值得其他项目学习借鉴。而早在2012年，他就派人去北非，把埃塞俄比亚的经验完完整整做了知识收割，做总结、拍视频，把项目的背景、如何做的、哪些值得学习都清清楚楚做了梳理，结果这种形式在公司内部大受欢迎。他在当年的内部市场颁奖大会上分享感言时还提到，"知识管理，马虎不得；传递经验，马不停蹄；复制成功，马上签单"。"三匹马"掷地有声地概括了一线业务管理者对瞄准业务痛点经验萃取的价值认可。

训战背景下的组织经验萃取，有几个特色：一是和业务贴合特别紧，二是类型比较丰富多样。介绍完这两大特色后，我在本章最后再来谈一些业界在高阶经验萃取方面的尝试。

组织经验萃取发挥业务价值的六大场景

业界的组织经验萃取热潮大概是在 2015～2016 年流行起来的，而且通常都是对准案例或者课程开发的。华为的组织经验萃取起步要早得多，大概在 2008 年就开始了，所以它的成果应用场景也更多样化一些。华为的组织经验萃取主要包括如图 5-1 所示的"三硬三软"六大应用场景。

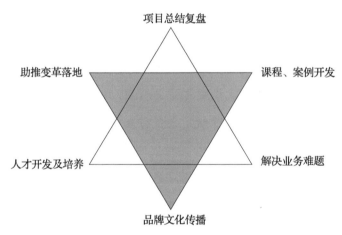

图 5-1　华为的组织经验萃取的"三硬三软"六大应用场景

项目总结复盘

项目总结复盘其实才是华为经验萃取（内部最早称为知识收割）的起家打法。华为的运营商业务属于典型的资金、技术密集型业务，一个项目动辄持续 3 ～ 5 年，金额可能高达上亿美元，而且还涉及售前、售中以及售后的交付和维护，一不留神就有大坑，经常出现签合同期间觉得项目利润相当可观，等到交付完才发现雷区无数的情况，前期赚的钱全搭进去不说，还会带来后续连年亏损。

在这种背景下，把一些市场典型、过程曲折的项目经验总结出来推广到其他地区部、其他项目组，以减少踩坑带来的潜在损失并降低隐性风险，就显得尤为重要。华为会从战略高度上进行项目知识收割的优先级排序。华为的知识收割项目采用了 5/15/80 的金字塔形式，其中 5% 的战略级项目，由总部知识管理团队直接支持，15% 的项目由业务单元知识管理团队做支持，剩下 80% 的项目就由各自项目组负责。每个项目都会安排两周时间做知识收割，前文提到的埃塞俄比亚的例子就属于中间这 15% 的情况。

由于基于项目的复盘文化深入人心，所以不少训战项目会直接设计成复盘班的形式，即刚刚在战场打完仗或交付某批项目的人员统一组班，直接利用复盘的机会来学习并且萃取知识经验。这时如果是一整组项目核心人马成建制来边复盘边输出，那么效果会很好，这既帮他们巩固了交付项目过程中的心得体会，扫除了盲区，又让他们输出了知识经验和方法，供未来以及其他区域和项目学习调用。

人才开发及培养

经验萃取成果或者思维方法应用得当，还可以加速关键人才的培养和达标速度，因为关键岗位往往是知识和技术比较密集的，大量的隐性知识获取和转化慢，是制约人才快速成长以及造成人员流失后难以替补的关键障碍。

某研究所利用这一思路将 6 个月的新员工胜任期成功缩短至 2～3 个月，它是怎么做到的呢？[一]原来，入职该研究所的绝大多数新员工都是海内外名校毕业生，他们天资聪颖，但是过往发现他们都需要经过很长一段时间才能独立上手工作。后来该研究所改良了培训的做法，入职培训后，它将新员工分成 5 个队，给每个队分配一个以前版本产品的模块。这些模块已经更改了源代码，添加了错误，而给予新员工的任务是在不到 20 天的时间里对其进行调试。

在这 20 天内，团队处于高压之下，因为这是他们通过试用期的关键考查环节。在这 20 天里，有专家在场，但只负责回答问题，提供基本指导，剩下的就靠员工自己组队摸索，还有翻查之前的代码资料。这些源代码和过往资料，都是靠内部知识萃取整理出来的，等于把前面工程师踩过的坑统一进行了归纳整理，帮助后面的同事少走弯路，同时还起到支持人才快速学习和胜任的作用。

解决业务难题

有时，业务上遇到的难题其实就是缺少工具方法带来的梗阻，这时候经验萃取的成果可以直接用于业务解难。例如，我们在做体验店全场景销售初期推广时，一线遇到一个很直接的问题，就是以前卖手机卖顺手了，卖手表、台灯、耳机、备咖等周边产品时不知如何入手，硬推不但让顾客反感还有可能带来手机销售机会的流失。后来我们结合内外部经验，萃取提炼了一张验机自检表（见表 5-1），就解决了其中一个很大的问题。

[一] 尼克·米尔顿，帕特里克·拉姆.知识管理：为业务绩效赋能 [M]. 吴庆海，张丽娜，译. 北京：人民邮电出版社，2018.

表 5-1 全场景销售服务验机自检表

验机自检表			
客户信息			
姓名		电话	
微信号			
验机项目			
型号		IMEI[①]	
盒子外观		主机外观	
摄像头		按键	
Wi-Fi 检测		扬声器、听筒检测	
定位服务		蓝牙检测	
耳机检测		充电检测	
客户服务			
备份/恢复资料		防盗防丢设置	
隐私设置		防摔防进水提醒	
软件下载			
温馨提示			
1.产品售出后出现非人为性质量问题，7 天可退换、15 天可更换，一年免费维修。注意：退换货，需退回原机包装、配件等。			
2.凡外力所致手机损坏及进水均不在保修范围内。			
3.手机充电注意事项：电量过低或边充边用都会降低电池的使用寿命。			
4.通过"会员服务—服务—服务网点"可查询就近售后门店。			
销售顾问：		客户评价：1.满意　　2.不满意	
日期：		客户确认：	

① 国际移动设备识别码。

这张表的用法其实很简单，就是门店将针对购买手机顾客提供的验机服务统一记录在这张表格上，过程中每做完一个动作要求销售顾问跟顾客确认后打钩。借助验机服务过程，销售顾问可以向顾客展示我们的周边产品，如果顾客有兴趣了解，我们就顺势向他推介。这样被动式的推销式销售就变成了体验友好的服务式销售。一张小小的表格很快推广至全国，用过的同事都说好，这就是瞄准业务痛点提炼萃取经验成果的价值。

课程、案例开发

当然，经验萃取的成果用作案例或者课程开发在华为也很常见。由于华为的训战基本都是紧贴业务的定制业务类学习，所以其中必然涉及最佳实践的整理和提炼总结，这一块跟业界相比并无本质差别，只是华为做得更加扎实一些。前文这方面的案例诸如C8、青训班已经提到很多了，这里不再赘述。

助推变革落地

第3章里提到，华为的训战对准的业务需求中有一类是变革助力。在这类项目中，经验萃取往往也会扮演重要角色，这时你可能会好奇，变革不是意味着要做业务和人员角色转型吗，一切都是崭新未成型的，哪里来的成功经验可供萃取呢？如果你意识到了这个问题，很好，说明你还是很有感觉的，我们发现，华为变革类训战项目里往往在两个方面需要借助经验萃取的力量。

第一个就是需要对变革精神、蓝图和背后的业务逻辑进行系统梳理，发起和推动变革。领导和高管团队通常都有自己深刻的思考，但往往不成型，是逐步完善的，只有协助他们把这一套逻辑梳理清楚表达完整，才能更好地让中基层员工准确理解和把握，从而跟上思想不掉队。这一块在其他企业往往是被忽略的。我以前待过的一些企业，往往是大老板开会发表一个讲话就算变革启动了，其实底下人都在嘀咕，"老板讲的这个方向啥意思，为什么非变不可，我们没感觉啊"，这样显然对变革的推行很不利。

第二个就是变革通常都会设试验田。试验田的经验也需要尽快进行整理发掘，从中提炼成功打法和配套工具，一来给一线信心，二来有初步经过验证的工具方法也更便于操作执行。

品牌文化传播

公司发展过程中的重大事件和转折点，提炼成案例和故事，除了在内部传播和运用外，还可以分享到外部，对于塑造企业形象，提升雇主品牌等都会起到潜移默化的促进作用。

像华为市场部集体辞职、研发呆死料大会、"马电"案例、从IBM引入IPD进行变革等都已经成为业内外脍炙人口、津津乐道的素材，无形中增加了公众和社会对于华为和华为核心价值观的了解和好感。同时，随着近年华为日益开放，这类案例也成为公关活动、校园招聘、媒体采访中与受众对话的优良素材，更不必说这些案例借助《下一个倒下的会不会是华为》《熵减：华为活力之源》等出版物对于华为理念和软实力传播的助推效果。

这六个应用场景是华为比较有代表性的，把握好这些场景可以更好地发挥组织经验萃取的落地应用价值。组织经验萃取是一个很有力的工具，然而就像火药一样，中国人发明出来只看到它作为烟花爆竹的娱乐价值，而西方则在此基础上发展出枪炮攻城略地。很多时候视野决定工具的价值上限！

根据我跟一些业内同行的交流，我发现，还有一个突出的问题是大家对于经验萃取的认识过于狭隘，导致很多时候因为抓不住经验萃取项目的业务线索而错失项目机会，弱化了组织经验萃取这一利器的价值。

业务部门通常是很务实的，它们并不清楚经验萃取等高深的概念，它们找我们的时候往往是带着问题和初步的解决方案来的，就好比病人来见医生往往描述的是症状以及道听途说的服药建议，而我们要"翻译"他们的诉求，在精准诊断基础上对症下药。有些时候业务部门表述出来的需求是比较明显的，比如"我这里有几个老专家，我这里有一个重要的项目刚刚交付，我这里有几个逆势增长的区域……你来帮我总结一下经验，复制推广"。但有的时候，业务部门表达出来的需求初听上去跟经验萃取没有关联，这时一定要学会区分wants（要求）和needs（需求），常见的有以下三种情况。

（1）他告诉你的是，他有一些业务难题需要解决。你初步分析后，如果发现这是很多人欠缺知识、方法、工具造成的，而组织内又有先行者经验可供借鉴，那这就是一个很好的经验萃取可以发挥作用的场合。比如前面谈的全场景销售破局，以及某手机厂商高端手机销售破局，都属于这一类别。

（2）他告诉你的是，最近发现某地的一个成功案例，特别好。这时你要敏锐地关注他为什么这么在意这个案例，案例背后是否隐含着某个业务重大难题以及是否说明部分区域或者群体已经积累了初步的经验，而这些经验是否可以进行初步收割，用于支持解决这个业务难题，即使不能全面系统地解决，至少可以提供先期的参考。

（3）**他告诉你的是，"我们需要转型和变革"**。如前面所讲，你要敏锐地关注他的变革逻辑是否成型，是否需要帮助他进行梳理和总结，以便更好地提炼概括，并提供给一线，助推变革落地。不少业务领导往往认为，变革主要是下层执行力的问题，但是很多时候对于变革原因的认识含混不清才是阻滞变革的关键障碍。正如变革大师约翰·科特所说，目睹—感受—改变，员工需要清晰地理解变革的内在逻辑和变革后的愿景，这是经验萃取中很容易被忽略的业务线索。

讲这么多，是因为经验萃取是一个很热门、很有力的工具，但只有根植业务，它才能发挥最大效力。市面上讲经验萃取和复盘方法的著作已经不少，我希望带给你一个关于华为如何利用组织经验萃取产出价值的全面思考，让你带着清晰的目标上路，在后期事半功倍。

华为交付项目的知识管理实践，如图5-2所示。其经验萃取主要有以下几种方式。

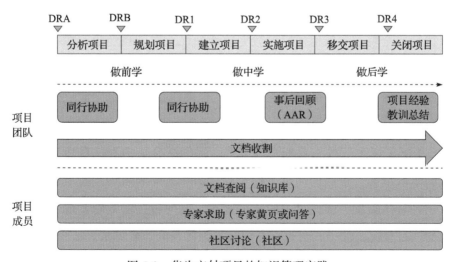

图5-2 华为交付项目的知识管理实践

（1）**文档收割**：针对一些关键的项目和岗位，以及输出的文档进行萃取和收割。由于华为有任职资格的牵引，不同等级任职资格评定都有相应的案例或者知识资产产出要求，所以总体上员工在整理过往工作及项目心得时，比较积极主动。由于总量巨大，这其中也确实不乏一些精品，同时各级业务部门都比较热衷选送和推广本部门的优秀实践树立标杆，这也会发掘出一些优秀的实践案例、项目总结，并组织主动的分享。针对这些案例和分享所做的文档收割通常作为初步的经验萃取成果，有待后期的深度整理和精加工。

（2）**访谈萃取**：通过专门的知识萃取师介入进行深度的专题访谈，来整理和提炼知识经验。当受访的一线业务或技术专家时间紧张时，这几乎是唯一一种可行的萃取方法。这一方法应用最广泛，我们将在下一章展开介绍。

（3）**共创萃取**：集合一群业务专家或者一整个项目的重要亲历者，以复盘或研讨共创的方式系统化地产出和梳理经验。共创萃取尤其适合项目复盘以及一些团队协作型经验的萃取。因为只有群策群力，才能还原执行的全貌，专家也才好比较完整地回忆重要节点经验。在一个人的盲区或者模糊的部分，其他专家可以给予及时的验证和补充，即使对团队协作依赖不大的独立课题，这种方式也可以提高效率，当场交叉验证，避免单一专家的片面和偏颇。

了解了以上三种主要的萃取方式，我们结合实例看一看华为的具体经验萃取情况。按照面向过去的经验总结和面向未来的经验生成可以分成三种具体类型：面向过去的项目复盘、面向过去的专题萃取、面向未来的项目登舰，其中我会重点介绍有华为特色的登舰方法。

华为面向过去的经验萃取

面向过去的项目复盘

华为借鉴了英国 BP 石油公司与美军事后回顾（after action review, AAR）的做法，推出了项目团队的集体反思回顾，分成大循环和小循环两种。

大循环主要指对于一些重大项目，在项目关闭前或者取得重要里程碑进展之后，围绕项目成败得失，由项目经理召集项目相关人员，在复盘引导师带领下，进行集体深度反思和回顾的过程。前面谈到的埃塞俄比亚的项目整体收割就属于这一类型。再举个例子，2019 年 4 月，华为第一家大型超级体验店在武汉开幕，前后围绕这个店的开业筹备时间达半年之久。我们跟一线参与这家门店开业的十几位小伙伴进行了长达 3 个月的深度梳理和复盘，最终协助业务部门完善了一套开店运营手册，并开发了一门新店开业模拟课程，对后续大店密集开业减少踩坑和加速人员到岗胜任，起到了积极的作用。

小循环主要引用美军 AAR 的方法，提倡灵活及时的事后回顾，可以在项目任意进程中多次反复进行。

AAR 是一个实时的、例行的团队交流会议，通过四个问题的回顾和讨论（见图 5-3），引导团队从刚完成的一项任务、事件或活动中总结经验教训，并立即进行改进。通过持续的 AAR，可以改善团队协作氛围，提升项目实施特别是现场作业类工作的效率。

华为倡导在交付类项目中，AAR 可优先应用于勘测、安装、调测、验收等场景，也可进一步推广为日常和例行总结研讨的通用方法。

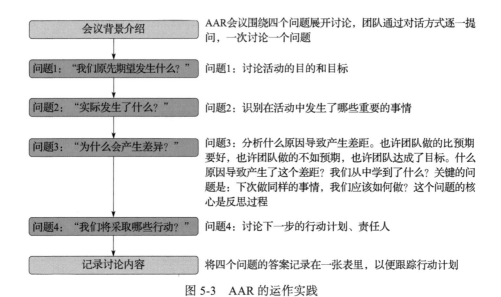

图 5-3 AAR 的运作实践

项目复盘可大可小，大循环的项目复盘产出丰硕，系统扎实，但是耗时费力；小循环的项目复盘灵活务实，更容易嵌入实际工作，对于及时总结纠偏，调整方向很有帮助，但有赖于团队领导的关注和倡导建立复盘打结的学习型文化。两者相辅相成，不可偏废。

面向过去的专题萃取

项目团队整建制复盘的方式当然很好，可是在两种情况下这种"兴师动众"的方式不太适用。第一是业务专家有时太忙，无法征调整个项目组同时参与萃取；第二是某些业务主题协同性较弱，不必非得把人凑一块儿来萃取。这时训战项目组就会从请进来变为走出去，亲自打电话或者上前线开展一对一式的专题萃取。有时甚至是项目刚完成或者经验心得刚梳理完，项目组就响应需求，实地开展战地记者式的经验萃取。

2018 年年底，我所在项目组的一位资深专家 Wendy，只身奔赴东欧某国,前后花费两个月的时间,深度访谈了十几位亲历的营销领域专家,整理形成六个综合型业务大案例,三易其稿,合计400多页文档,得到了华大和业务委托方的高度评价。

在这个过程中,我们总结出此类专题萃取的三步挖掘和还原套路,如图5-4所示。

探寻思路策略(还原背景):重点关注核心决策点背后的考量和依据(why),追根溯源,提炼方法论。

复原事件全貌(还原思考过程):重点关注做了什么(what),还原过程,完善细节。

识别事件亮点(还原关键行动过程):重点关注围绕核心业务节点是怎么做的(how),识别亮点,调整结构。

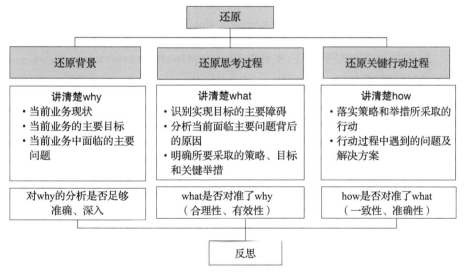

图5-4 面向过去的专题萃取总体思路

事后,这类专题萃取通常还会基于案例文档,结合业务场景需求,采取以下形式放大萃取成果的价值。

◇ 制作精要版分享PPT，辅助案例的自学。
◇ 梳理业务全景图，便于洞悉全局。
◇ 开发在线MOOC供一线参考和学习。
◇ 直接基于案例萃取成果，开展战地直播，最快速高效地复制推广。
◇ 上传内部知识管理实践社区，引发讨论。

华为面向未知领域的项目登舰

一般认为经验萃取是针对一线已经经过验证的成熟经验进行收割的过程，那么对一些新业务或者刚刚开始进入的业务领域，尚未形成成熟的打法和经验，内部的经验和智慧还能否发挥作用呢？这是中国很多领先的企业在接触组织经验萃取后经常问到的问题。答案是肯定的。以下借助华为的登舰方法论，来看一下华为在这个问题上的思考和实践。

登舰是华为效仿我军从零开始摸索航母、指挥作战的经验提出的一个概念，借指像学会操控指挥航母一样边学习、边应用、边积累经验的一种方法。内部理解是："登舰"是在战场中发生的研讨战役如何打的战地赋能项目，分为"战前研讨"与"战中复盘"。

战前研讨：是指在合同签订后、项目处于交付准备阶段时，对准项目目标，分析有利因素和不利因素，导入全球实践（包含公司内部与公司外行业实践），集体研讨达成目标的方案并输出行动计划的过程，重点是形成基于正规标准打法的本地作战打法。

战中复盘：是指在项目处于爬坡阶段时，使用"复盘"的方法，通过深入反思项目前期运作过程，在充分暴露项目风险与潜在问题、识别影响项目成功的关键点的基础上，总结经验教训，制订行动计划，以指导下一阶段的项目作战过程。

在华为内部，一般认为，当出现以下情况时，可以考虑启动项目登舰。

◇ 地区部或代表处重大项目群项目启动前或过程中，需要识别或充分暴露风险及潜在问题，传承经验教训，寻求全球最佳实践时。
◇ 长期未作战、平台能力较弱的代表处，启动新项目时。
◇ 地区部或代表处交付或经营面临重大挑战时，比如存在多个重大项目群同时交付，需要打通资源，协同交付。

战前研讨一般分为四步，如图 5-5 所示。

（1）业务痛点分析。

（2）相关方法、类似场景全球案例分析。

（3）痛点问题研讨。

（4）行动计划输出。

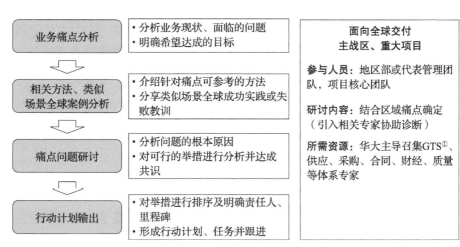

图 5-5 战前研讨四步法

① 全称为 global technology service，意为全球技术服务部。

2014年，亚洲某地区 I 有多张网络同时启动建设，由于是首次进行 LTE[一]大规模交付，当地 LTE 交付项目团队面临如下重大问题与挑战。

◇ LTE 项目的主要风险（实施、验收、KPI 等方面）是什么，如何规避？
◇ 同时大规模交付多张 LTE 网络，如何有效配置自有资源、合作资源？
◇ 项目快速交付的同时，如何管控项目质量？
◇ 项目快速交付的同时，如何确保项目经营结果？

4 月底，应该地区 LTE 交付项目组要求，华为组织中国区 LTE 交付项目群、I 地区 LTE 交付项目群、机关相关业务专家等 40 多个 LTE 交付同行，进行了"I 地区 LTE 交付项目群同行协助战前研讨"活动。

中国区 LTE 三大项目组（中国电信、中国联通、中国移动）项目经理和各模块负责人针对 I 地区团队面临的主要挑战和提出的 5 类 20 多个问题，进行了系统性分析，并提出了解决问题的建议。相关专家也共享了自身的经验，对 I 地区 LTE 项目组的交付组织搭建提供了专家建议。

结果和收益：

（1）通过本次同行协助交流，初步建立了 I 地区、中国电信、中国联通、中国移动几个 LTE 项目群之间的联系，后续项

[一] LTE 是 long term evolution 的缩写，英文全称应为 3GPP long term evolution，意为 3GPP 长期演进技术，也是第三代合作伙伴计划的标准。这项技术在 2010 年应用并被称为 4G。

目群各条线运作过程中的具体问题在线下会进一步进行分享和交流。

（2）I地区交付团队PMO（项目管理办公室）主管Matt Wu表示，"通过这次同行互助不仅获得了解决问题的建议、弥补了不足，而且还增强了交付项目的信心"。

（3）中国区LTE三大项目群系列经验总结作品是本次交流的另一个成果，相关经验在知识管理平台上进行了归档，并在全球项目经理中进行了分享。

可以看出，这是一种充分利用华为体量庞大、业务领域广泛的规模优势来开展内部知识迁移和共创的举动，这些项目经验对整个华为而言并非全新的，但是对某个地区、某个业务板块可能还属于从未探索过的无人区，这时内部经验的流动和复制就可以起到很好的支撑作用。

登舰的方法论源自运营商业务的项目交付战前研讨，后来，在其他更新的业务板块也做了改良，可以更好地解决一些新业务场景下的公司整体经验匮乏问题。

在2019年的华为终端创意全产品陈列场景搭建工作坊上，我们就借鉴了这一方法论，顺利产出了业务部门急需的体验店陈列场景体验方案。

2018～2019年是华为终端产品组合大踏步向全场景全产品系列转型的关键之年。在卖全场景产品的过程中，一个突出的问题浮现出来，那就是卖全场景产品跟卖手机有很大的不同。华为手机已经建立起牢固的品牌形象，而且智能手机推广这么多年，消费者对于手机总体上非常了解，很多消费者进店就是点单购买。

相比之下，消费者对于全场景全品类产品不熟悉，华为品牌在他们心目中更是一个陌生、模糊的符号，这时就非常依赖在门店里构建能够还原应用场景的陈列体验方案。比如一个香薰灯孤零零摆在那里，谁也不知道有什么用，有无必要购买。但是通过跟台灯、笔记本电脑、鼠标垫、几本书混搭成一个卧室读书场景方案，并且打开设备，一下子就让顾客了解了原来可以在自己的卧室或书房营造这么温馨和体贴的阅读和办公场景，香薰灯一下子就"活了"起来，而体验店销售顾问也可以很顺畅地引导顾客体验并实现销售介绍。

一线偶有灵感迸发提出的这类陈列场景体验方案，一经发布，就会引发全国热烈追捧，可惜靠偶尔的灵感无法系统地解决问题。那么，能不能直接批量化地分场景通过众创产出全系列方案，一揽子地解决这个问题呢？

以前从没有人做过，而且我们对标了一些业内标杆后也发现它们之间的差别很大，例如苹果、小米，由于产品系列和定位不同，难以直接套用，所以业务部门心里没底。我分析情况之后却信心十足。我的底气来自以下几点。

（1）从业这么多年，我一直坚信智慧在民间和一线，只是我们欠缺慧眼。

（2）陈列场景体验方案的关键点在于打开思路，动手实践，这正是我们一线小伙伴所擅长的。

（3）虽然没有现成经验，但是小伙伴们对其中的一些关键节点，例如产品知识、顾客诉求、门店环境等都有丰富的感知和经验。围绕明确定义的问题，可以激发他们现场生成解决方案。

（4）我们有专门的全真陈列模拟的β店⊖，还有真实的体验店，这些都为他们的创意和想法提供了最佳的试验场和校验反馈平台。

⊖ 指用来模拟陈列、拜访的店，不对外经营，不算真实门店，华为内部称为β店。

于是，我们召集了全国 20 名一线优秀的店长助理和产品体验官，分成了四个小组。每个小组领了两个场景，开展了为期三天两晚的创意陈列场景搭建工作坊。过程中我们借鉴了设计思维的思路，采用了团队共创等引导技术方法，带领大家分阶段生成创意、形成原型、现场测试、迭代打磨、落地评审，最终生成了 8 套 14 个陈列场景体验方案，如图 5-6 所示，包含了演示视频、调通⊖方案、推介话术等。零售部门领导评审完后非常认可，很快转化成陈列标准方案在全国几千家体验门店落地推广。

现场共生成8套陈列场景体验方案，配发全国，有效支撑门店全场景销售

场景一 智能家居之出门、回家

场景二 智能家居之起床出门

场景三 移动办公之秒传文件

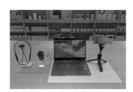
场景四 趣味运动

场景五 监测与改善睡眠

图 5-6　陈列场景体验方案众创成果（部分）

当整个公司都没有成形经验时，我们还可以通过集体众创的方式，整合一线的智慧和经验，形成打法，并且在小范围试点，再大面积推广。不论如何，解决一线面临的实际问题都离不开一线的智慧和创见。

再进一步，即便行业内都没有经验可以借鉴，还可以跨领域跨界寻求启发。上面这个案例中，我们提供的佳明（Garmin）与运动相机著名

⊖ 华为智能家居产品通过网络或蓝牙彼此联通地展示其使用功能的过程，称为"调通"。

品牌 Gopro 的跨界陈列创意也起到了激发创意、打破限制的作用。2020年新冠肺炎疫情来袭，中国和韩国是疫情控制比较迅速有力的国家，其中中国按照人民解放军野战移动医院建起的方舱医院，韩国借鉴麦当劳不下车取餐服务模式形成的"得来速"快速检测法，都起到了功不可没的作用，两者都是跨界学习和创新的最佳范例。

总结一下，华为的经验萃取主要面向六大业务场景，既可以面向过往的成形经验进行收割，也可以面向未来对全新领域进行内部经验共创和外部跨界启发。面向过往经验进行收割的主要方式可以是系统的项目总结复盘，也可以是轻便灵活的专题萃取，而面向未来的经验共创，华为总结提出了特色的登舰方法论，在此基础上可以对其进行改良优化，实现未知领域智慧和经验的融合，以解决企业进入无人区、新场景业务领域时遇到的问题。

第 6 章

取材：开发实战案例

> 现在是信息社会，知识很重要，更主要还是视野。所以要把经验写出来，年轻人看了案例，上战场再对比一次，就升华了……现在你们要善于把经验写成案例，否则做完了沾沾自喜，经验还只留在你一个人的脑子里，没有传承。
>
> ——任正非

上一章介绍了华为组织经验萃取的一些做法。经验萃取的一大类成果就是案例，案例在训战学习项目中，扮演着十分重要的角色，本章我们就聚焦案例的开发这个话题来做一些探讨。

正本清源：华为这样理解案例

到底什么是案例

华大在 2005 年成立之后，很快就看上了西方的案例教学法。当时，华大对标的是世界上以案例教学见长的两所顶尖商学院——美国哈佛商学院与加拿大毅伟商学院，华大重金聘请了这两所商学院的知名学者、教授到深圳进行案例教学法的讲解，也抽调了自己的骨干专家进行案例教学的学习。考虑到哈佛和毅伟商学院的案例教学法，更多的是应用在商学教育或是法学教育，而华为的业务实际很多是经营领域、业务领域，甚至是专业技术领域，华大针对哈佛和毅伟商学院的案例教学法做了一些改良，开发了自己的一套案例教学的逻辑和方法。

华为对于案例的定义是："案例是对某个具体业务场景的阐述，它源于业务实践又经过实践检验，并且具有一定的借鉴参考价值，通常包括了各种问题、问题分析、解决措施、回顾和改进（成功经验 & 失败教训）等几方面内容。"

案例由于取材一线，其第一道加工往往由来自一线的亲历者完成，而他们多半没有经过专业案例开发的培养和训练，所以经常会产出很多披着案例外衣的"伪案例"。表 6-1 总结了华为梳理的四种常见的伪案例形式，以我个人辅导其他企业开发案例的实践来观察，这在其他企业甚至更加普遍。案例的理解如果出现偏差，必然导致产出的成果偏离案例的初衷。现实中几乎每一个企业都有自己的案例，但引人入胜、催人深思的精品案例却寥寥无几，很大一部分原因在于对案例的认识已经偏离了正道。

表 6-1　四种常见的伪案例形式

伪案例	点评
经验总结	案例不能仅总结经验，还要把故事过程讲清楚，丧失情节和细节的理性反思无法打动受众，也会丢失事件的整体性

（续）

伪案例	点评
成功故事	面向客户的成功故事是营销材料的一种，目的是向客户证明某解决方案多有竞争力，公司在某方面多么不错，但包装成分远大于教育学习意义
报告文学	报告文学有浓重的艺术加工痕迹，往往形式大于内容
汇报材料	汇报材料往往关注事情的结果，虽然描写了事情的过程，但场景的描述缺少规划，解决方案描写往往语焉不详，也没有规划清晰的学习点

一般认为案例应该具有以下五大明确的特征。

（1）**真实性**：不同于故事或者报告文学，案例应该源于真实的业务场景描述，同时在编写时还应注意立场的客观，不能避重就轻或者一味放大成绩、回避问题和挫折教训。

（2）**典型性**：案例选取的业务场景应该具有代表性和普遍适用性，以便能够让案例的研读和学习者举一反三。

（3）**完整性**：完整性是指案例应该有完整的记叙文六要素，即时间、地点、人物、起因、经过、结果，但又不仅仅满足于呈现事情的发展演变，以致变成流水账。同时案例因为服务于教学和知识管理的目的，还应包括思考问题等学习要素。经验总结和汇报材料类伪案例经常是残缺不全的。

（4）**场景性**：案例应该提供必要的丰富细节，以便学员能够很好地还原和代入问题与冲突场景，和自己工作中面临的问题和挑战对应起来。经验总结和汇报材料类伪案例过于偏重理性反思，场景代入和还原部分通常都是不够的，这样学员没办法形成完整的认识和体验，对于反思点的领会也必然浮泛。

（5）**冲突性**：案例中必须包含挑战和障碍。挑战和障碍越普遍，越容易引发共鸣，这是案例质量的重要保障。过于平铺直叙甚至毫无挑战的案例会顿时让读者失去兴趣，这是表功类汇报材料和成功故事类伪案例最容易出现的状况。

案例扮演的作用和应处的位置

另外，还要注意，案例本质上是对人解决问题和决策过程的一个文字呈现和还原，所以比较适合管理、思维技能、人际沟通类主题的启发和训练。像一些标准操作、动手技能等行为动作外显的主题，案例教学发挥的价值通常有限，这时更适合的是动手实操或者实践模拟。例如打篮球、维修机器，你很难想象它们不是通过看演示视频和直接实地动手操作，而是通过案例来进行教学的。

案例在华为应用的五大场景

除了到底什么是案例之外，关于案例应用，我在辅导企业做案例萃取和开发的过程中发现，另一个经常困扰企业客户的问题是，案例开发出来到底能干什么？确实，如果不提前想清楚案例开发出来派什么用场，那么很可能花了大力气开发出来的案例文本和资料最终只能束之高阁、深闺雪藏。

以下我就梳理一下案例在华为的五大应用场景。

（1）**业绩提升**。优秀的案例中融合着一线业务专家的最佳实践，及时地总结和推广其中的工具方法，对于快速地普及专家经验，解决业务疑难问题起到关键的作用，最终支持了业绩的提升。例如，华为内部非常著名的广东 C 网案例、上一章开篇所谈的埃塞俄比亚的案例，其中的成功经验经过案例这一载体的提炼总结推广后，都起到了这样的作用。

（2）**人才培养**。案例中蕴含着过往的成功经验和失败教训，最难能可贵的是，这是在组织内部亲自实践的产出和结果，里面既有场景，也有问题，还有结果反馈，利用得当，在培养人才上的效果比精心编写和设计的预想性材料效果更好。第 5 章所谈的某研究所加快新员工培养的例子中，该研究所就是用之前的编程开发素材作为演练和反馈材料，让新员工不断地练习并及时获得反馈，收到了良好的反响。在华为，案例用于人才培养的另一个场景是，相当部分学习项目引入案例答辩作为结业评审依据——学员集训完成后回到岗位进行在岗实践，2～3 个月后需要提交一篇实践案例并参加答辩。这种方式巩固了学习的行为转化，同时为公司提供了丰富的知识资产。青训班、解决方案重装旅、高研班等学习项目都采用了这种方式。

（3）**知识管理**。华为非常强调通过案例库去激活公司的知识管理，因为以案例库为载体，华为形成了一个非常有效而且非常强大的复盘文化。复盘是华为各级管理干部必须掌握的技能，要能够带领团队对关键事件进行复盘。事件的复盘其实主要就是对案例的复盘，由管理者带领大家就具体的案例进行研讨以及经验总结，这样就有效地提升了组织的能力。然后案例进入案例库成为公司的组织资产，减少因人员变动和流失导致的经验丢失。这对于研发和销售体系格外重要。一些业界的零售企业如安利、爱慕等也有类似的做法，它们借助微型案例和关键词条打造的小百科或者知识库，为一线离散销售人员开展即搜即用的学习和绩效提升提供支持，提高了学习效率，降低了培训成本。

（4）**教学应用**。案例在教学中发挥作用的情形在华为主要有三种。第一种是在某些大型集训和演练项目中，用一个大案例贯穿始终，以增强培训的实战性和端到端的整体感，典型的比如 C8 协同交付集训演练（我们将在下章谈实战演练设计时详细介绍这个案例）。第二种是将中小案例作为教学素材印证知识点或者作为问题分析、角色扮演等练习所用。第三种则是在一些外部引入的版权课中添加华为案例，以保留原版课程的模型方法系统性，同时使其更加贴合华为的场景，更有华为味儿，如 MOT（关键时刻）、"情境领导 2"等课程都不同程度做了这方面的改造。至于载体和媒介，在华为，学习项目除了应用常规的文字材料，也大量借助微课、图文、视频等形式。

（5）**会议研讨**。在华为，各级管理者普遍比较重视一线业务实践的整理和推广，所以有些会议中会专门安排案例分享的环节，邀请一线和机关的同事分享自己业务领域的实践案例，并且现场进行研讨。事后，再对这些案例做进一步的加工和更大范围的分享，扩展案例的受益面，进一步提升其价值。有时面对业务疑难问题，他们也会先用近期的案例激发思考，必要时还会通过外部案例的分享——"开天窗"[⊖]，这样内外结合，找到疑难问题的解决思路和办法。

在华为，根据案例承载的信息量和对应业务场景的复杂性，一般将案例分为大型案例和中小型案例，两者的关系和区别如图 6-1 所示。

⊖ 华为内部用语，指给大家带来新启发的外部分享，就像打开头顶的天窗，让阳光照进来。

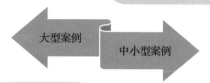

图 6-1　大型案例和中小型案例的关系和区别

大型复杂案例开发思路

大型案例一般总结系统的重大成功或失败，典型的比如华为广东 C 网案例、华为"马电"事件等。大型案例中融合了组织及个人经验、跨领域或跨业务流程，很多时候还承载着组织的期望和导向，它的整理需要征调较多当事人和业务专家，他们深度参与并提供支持，所以一般由专门的项目团队介入，属于组织行为。

大型案例的开发步骤及呈现方式，如图 6-2 所示。

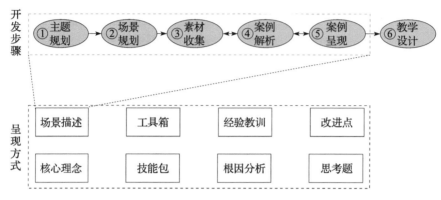

图 6-2　大型案例的开发步骤及呈现方式

案例正文包括标题、背景、正文、附件等。

观点提炼部分包括核心理念、工具箱、技能包、经验教训、根因分析、改进点、思考题等。

案例的开发主要分为六步，每一步的关键动作和输出如表 6-2 所示。

表 6-2　大型案例开发要点操作表

大型案例开发步骤	关键动作	关键输出
①主题规划：确定案例的中心思想和学习要点	• 解读项目赞助人（sponsor）的期望 • 阅读相关文档 • 访谈关键干系人 • 研讨案例学习价值 • 开主题规划研讨会 • 整理优化 • 设计主题	• 案例整体中心思想 • 案例主题 • 行文逻辑（因果顺序、时间顺序） • 行文结构 • 人物关系地图 • 项目计划
②场景规划：选取典型事件，支撑案例主题	• 扩大访谈及阅读范围 • 研讨场景规划 • 选择能够反映主题的场景	• 场景（故事）规划

（续）

大型案例开发步骤	关键动作	关键输出
③素材收集：根据主题或场景规划，多方位收集	• 根据主题及场景规划收集素材（如各种文件、会议纪要、邮件等） • 增加访谈范围 • 根据素材来源进行定向收集 • 根据整合、解析的结果补充收集	• 访谈输出 • 素材列表 • 必要时，修正主题及场景规划
④案例解析：素材与场景匹配，迭代开发	• 根据场景规划，将素材归类 • 打磨素材使其合乎逻辑 • 和素材提供者确认 • 确保场景关联和体现主题 • 复盘，确保场景间平滑过渡和衔接	• 整理好的素材 • 详细编写思路
⑤案例呈现：补充修正正文，呈现其他要素	• 确定案例呈现内容维度（场景描述、核心理念、工具箱、经验教训、思考题等） • 确定写作规范，输出示范模板 • 统一版面布局、字体、标识符、编码规则 • 编写及评审各模块的案例 • 集成各模块，整体打通并评审	• 案例正文
⑥教学设计：根据教学目标，设计案例教学	• 确定教学目标，进行相应的教学设计 • 使用案例，包括五种方式：自学反思、自学输出心得、导师辅导、业务主题研讨和案例教学 • 如要用到其他课程的案例教学，则可能要根据案例难度重新调整案例的描述、思考题等	• 案例教学讲师手册 • 案例教学学员手册 • 引导PPT

要点解析：

（1）区分自学案例和教学案例。自学案例通常用纸质材料印制或者内部微课、社群推送，供员工自己阅读感悟，激发思考，心得一般发表在内网上。热点案例往往带来一场公司内部的大讨论，部门会议还会做后续跟进的深度研讨。自学案例走前五步，而教学案例还要做第六步教学设计，以支持教学实现。

（2）大型案例非常强调前期的规划和准备。六步里花费时间和心血较多的都在前面，真正的文字撰写只有一步，纲举目张。

（3）访谈是一个不断扩展的过程，因为大型案例通常都是组织行为，有专门的 sponsor（项目赞助人）指导定调或者给予方向，所以最开始的访谈通常是投石问路，选取那些关键人物和领袖人物确定主题和案例的大体脉络及梗概。第二轮及随后的访谈的目的是挖掘事实，这时候要找具体负责干事儿的人。大型案例访谈一定要问发生了什么，打开一个盒子和框架，让当事人在里面讲故事。

以业界比较熟悉、公开发表的"马电"事件为例。

2011年年初，一篇2.8万字的长篇内部写实案例《我们还是以客户为中心吗？！——马电CEO投诉始末》，以2011年新年贺词的方式在《华为人》发表，犹如迎头泼下的一盆冷水，使华为人从业绩增长的喧嚣中冷静下来。以往，这样的负面事件只会发表在《管理优化》上供内部参阅，但这次任正非选择把它发表在代表正能量的《华为人》，这意味着全世界所有客户、竞争对手、员工、员工的家属都能看到。他把人性"恶"的一面赤裸裸地摆在台面上，非常令人震撼。

这篇大型案例其实就是应用上面的大型案例六步法进行设计和采编的输出结果。

（1）**主题规划**：根据"马电"事件的特点，跟 sponsor 反复对标，确定了案例希望传递和突出的两大中心主题，那就是以客户为中心和交付流程的集成与协同，同时兼顾其他主题，如项目管理、流程管理等。由于案例本身的故事性就很强，所以选择以时间为主线，以关键事件（场景）为承载的整体行文思路。同时，这个案例因为涉及的公司内部人物和层级众多，关系错综复杂，还梳理了一个内外部人物关系图，这个关系图对于后期的定向高效访谈也提供了有力支撑。

（2）**场景规划**：这一步，随着访谈范围的扩大，收集的素材越来越丰富，对主题进行细化，围绕案例中的关键事件夯实场景。比如 NGN① EOT② 合同的签订、失败的割接、关于 IPTV（网络电视）的反思、炮火呼唤之痛等，最终这些场景成为整个案例跌宕起伏的故事线节点，并且撑起了整个案例的可读性和警醒性，最终反映在如表 6-3 所示的案例梗概里。

（3）**素材收集**：正式访谈之前进行了很多次预沟通，电话沟通告知访谈意义，通过邮件给对方发送访谈提纲、电话确认问题是否清楚、是否有现成的材料提前发过来。在这一步，可能会推翻及修正部分前期确定的主题和场景规划，这都是正常的。

（4）**后续其他环节**：做好了前期的主题规划、场景规划，后端的素材收集和正文撰写反而成了体力活，重点是把握关键环

---

① 全称为 next generation network，意为下一代网络。
② EOT 条款，即在电信项目中，合同乙方（华为）需要负责网络建设（E）、运行维护（O）、传递技能（T）。

节，在深入调查基础上还原不为人知的细节，做好人物刻画（这不是教学案例的重点）。例如，"马电"案例中的"在心里没底的情况下草率对EOT条款签字"的细节在文中多次出现，引发读者强烈共鸣。

表6-3 "马电"案例的目录和行文结构

篇 章	小 节
第1章 客户的失望与愤怒——CEO的投诉	案例引入
第2章 风平浪静下暗流涌动	第1节 暗流之一：频繁更换达不到要求的PD（项目总监） 第2节 暗流之二：EOT 第3节 暗流之三：看起来很美
第3章 一步步滑向泥潭	第1节 泥潭之一：谁遗忘了"马电"的交付 第2节 泥潭之二：名存实亡的Sponsor 第3节 泥潭之三：解决方案的误区 第4节 泥潭之四：都在忙"自己"那一块 第5节 泥潭之五：阴差阳错 第6节 泥潭之六：一错再错 第7节 泥潭之七：EOT，又是EOT
第4章 危机爆发	第1节 IPTV1：整个国家都在关注 第2节 IPTV2：总算开通了 第3节 IPTV3：1个故障竟然要7人3小时 第4节 连续三记闷棍 第5节 开不起来的高层电话会议 第6节 "厚积迸发"的愤怒

（续）

篇　章	小　节
第 5 章　悲剧在延续	第 1 节　没有一个人到现场 第 2 节　研究怎么回邮件，而不是解决问题 第 3 节　谁能告诉我 2000 块板子的来龙去脉 第 4 节　从客户那里才能知道问题 第 5 节　客户不是我们的猎物
第 6 章　华为人，你如何选择	第 1 节　当下的行动 第 2 节　流程要倒过来梳理，能力才能保障落地 第 3 节　反思之一：我们到底将客户放在哪里 第 4 节　反思之二：面对问题，我们的态度是什么 第 5 节　反思之三：我们知道客户对我们的期望值吗 第 6 节　如何以客户为中心，以及什么是奋斗 第 7 节　华为人，你如何选择
按语：关于学习讨论"马电"事件的意义	以客户为中心，可以成为天才。 以领导为中心，就会成为奴才。 以自我为中心，则会变成蠢材。 华为人，你如何选择

中小型案例开发方法

如图 6-3 所示，华为中小型案例的常见结构有以下两种。我基于辅导终端开发案例的实践，将 STAR2 的方法做了微调，实践下来收到的效果不错。

- 案例的结构包括：标题、作者名称、关键词、摘要、正文。
- 案例正文可以采用如下两种结构当中的任意一种。

STAR2	一事一得一问
■ situation：详细描述事件发生背景，其中包括发生的时间、地点、人物等。 ■ task：描述在该场景中出现的问题、面临的任务。 ■ action：描述所采取的措施、对策。 ■ result：描述措施产生了什么样的结果，最好用数据说明。 ■ review：撰写心得体会，总结经验或教训。	■ 一事：将事情描述清楚，行文可自由发挥。 ■ 一得：总结一条或多条经验、教训。 ■ 一问：提出一个或多个触发大家思考的问题。

图 6-3　中小型案例常见结构

基于模板讲故事

案例的萃取和整理多来自一线业务专家和技术专家，而他们的显著特点是容易茶壶煮饺子——有货倒不出，或者很容易将案例写得平淡无奇、索然无味，像记流水账一样。所以，我的解决方法是靠"一问一图"去激发他们。"一问"就是我在访谈或案例收集邀约之前，通常会通过如下的强力引导问题去刺激他们，让他们去回忆棘手、典型的成功案例，而不是稀松平常的偶然成功。

◇ 能不能给我分享一个××方面你印象十分深刻的棘手案例？你觉得过程曲折，挑战重重。

◇ 能不能找到一个对手也非常有经验、过程非常激烈、费了不少力气才达成的案例？

有了强力引导问题的牵引，专家会明白我们希望挖掘的案例的特征。这还不够，我还会提供一个我称之为专家智慧挖宝图的工具来作为支架，支持他们更好地挖掘自己的隐性经验和内在记忆。这个挖宝图借鉴了故事曲线的方法，可以更加形象生动地帮助专家去还原情节曲折的案例过程和要点。

专家智慧挖宝图由五个部分组成，取其英文首字母组合，我将其提炼成 S.C.A.R.E 案例萃取专家智慧挖宝图。scare 的英文释义是"惊恐的"，这也暗示着好的案例必须有意外和冲突蕴含其中。

背景（situation）：概要地描绘案例发生的时间、地点、人物，面临的任务和大概的事件。

挑战（challenge）：这里需要介绍案例中要达到的任务目标，拥有的资源与理想的差异，面临的障碍，关键的挑战和冲突等。通常资源都是不足的，面临的环境是恶劣的，困难比想象的要更大，但需要清晰明确地呈现出来。一般一个案例的质量光看这个部分就可以大致了解，如果挑战中的冲突不强，困难和障碍不够典型，其学习性和复制性必然有限。

行动（action）：面对困难，专家或团队想了什么办法？做了哪些决策？遇到了什么问题？具体是如何克服的？在此过程中有什么明显的情绪和感受？

结果（result）：最后的结果如何？取得了什么成果？如果案例中的事件处理是成功的，我们可以挖掘其中有没有偶然的运气要素，积累的经验有哪些；如果是失败的，有什么遗憾，我们也可以挖掘 2～3 点最深的体会或者感悟。

评估（evaluation）：针对行动和结果，不仅要关注专家做了什么，取得了什么结果，还要特别注意挖掘他为什么这么做，思路是什么，以及如果不采取建议的行动，会带来什么后果和影响等。这些隐藏在决策和行动背后的依据才是专家经验浓度最高的部分，一定要深度还原和提炼。

图 6-4 就是应用专家智慧挖宝图针对华为全场景销售初期拓展时一

个门店的典型销售案例。挖宝图帮助还原了案例的骨架和梗概，这样就得到了案例故事的原始素材。

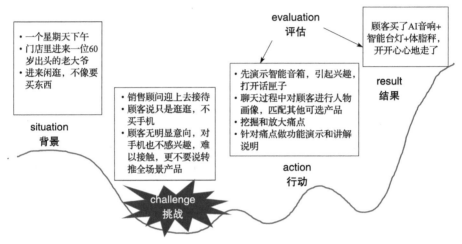

图 6-4　S.C.A.R.E 案例萃取专家智慧挖宝图

基于故事理流程

如果用淘金子打比方，利用专家智慧挖宝图挖出来的只是金矿，它还没有经过提纯，有不少杂质，案例描述得更多的是此情此景下的做法。为了更好地从故事中还原能够普适推广的方法论，还要对其进行进一步的提炼总结。

这一步考验的是顾问的深度访谈和抽象概括、逻辑思维能力，我们一般会通过一系列深度挖掘的问题去进行提炼萃取，我称为淘金七问。例如，上面的体验店全场景销售案例经过挖掘，我们整理出如图6-5所示的需求不明型顾客销售推介四部曲。

◇ 这个过程你是分哪几步完成的？

◇ 依照你的经验，哪几个节点比较重要，为什么？

◇ 你这么做的原因是什么？不这么做会带来什么影响？

◇ 这一步每次你都这样操作吗？有没有例外的情况？举个例子。

◇ 你看到新手在这里容易出什么状况？能否举一个遗憾的案例？

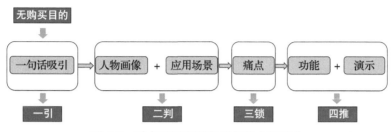

图 6-5 需求不明型顾客销售推介四部曲

我们在第4章中曾经谈到，还原任务场景时不要太细，能够拆出大体独立、明确的一系列单一工作任务就好，对工作任务的深入拆解，可以放到后期经验萃取挖掘时再来开展。这里就是深入的拆解。配合业务专家的最佳实践案例，还原出工作任务的细节，才具有推广的价值。自上而下的任务拆解往往停留在理论层面，很容易脱离实际业务场景。

基于流程挖金子

基于案例还原出总体的业务动作套路后，很多时候还需要对案例的价值进行进一步的"榨取"，原因是如果案例要用于教学，只有文本和总体套路是不够的，如果提炼出一些模型、工具会更好。另外，搜集整理一个优质的案例不容易，我们也需要最大化地利用其中的价值。然而，到底能从一个案例中挖出多少宝贝，这就要看搜集案例的质量，同时也要看萃取师的经验和眼光了。

具体的方法，主要是围绕图形化、口诀化、表单化三大常见知识建模方法（见表6-4），进行进一步的精加工。

表 6-4 知识建模方法对比表

知识建模方法	适合情形	举例
图形化	• 适合形象表达几个文本或概念之间的逻辑关系 • 逻辑关系通常有并列、递进、顺序、方位四种	• 马斯洛需求层次金字塔 • PDCA 循环图 • ADDIE 教学设计流程 • 波士顿四象限矩阵
口诀化	• 比较适合重要事实、概念、心法的记忆 • 有时也和图形化模型搭配使用,提升记忆和传播效果	• 金庸14本小说名首字联句"飞雪连天射白鹿,笑书神侠倚碧鸳" • "天下才人皆败于傲,天下庸人皆败于惰" • 本章 S.C.A.R.E 专家智慧挖宝图
表单化	• 原理方法的情境运用 • 相近相似概念比较 • 事实清单防止遗忘,辅助执行	• 社区外来人口新冠肺炎检测指引图 • 二手房买卖过户流程图 • 出国游旅行清单

上面这个案例经过这一步,我们还可以挖掘整理出如下的人物画像分类图(见图 6-6)及痛点挖掘表(见表 6-5)等工具,用于全场景实战训练营,收效和反馈不错。

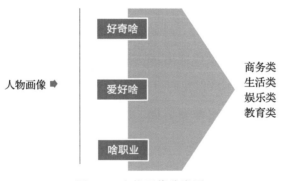

图 6-6 人物画像分类图

表 6-5　经验萃取成果示例：痛点挖掘表

人物画像	场　　景	痛　　点
商务类	备份资料多：商务工作中，经常需要第一时间把大量的文件、图片、视频等重要资料保存到电脑或移动盘里做备份	（1）手机资料传输保存到电脑 痛点：不连线传输效率太低，连线又很麻烦，传输速度慢。 （2）手机资料转存到硬盘里 痛点：得先存到电脑上，然后再从电脑上转存到硬盘里，流程长、过程烦琐，且硬盘空间经常不够用
生活类	直播拍照多：快手和抖音及众多直播 App 造就了众多草根网红。无论在家里，还是在户外，经常能看到众多玩直播的人。通过直播和日常的自拍或拍照，记录生活的美好已成为众多人的习惯	（1）用手拿手机直播 痛点：画面特别容易抖，拿得时间长了手会特别酸，光线不足时直播画面看不清楚。 （2）外出旅行时拍照 痛点：背光或光线不足时拍出来的照片发黑，不清晰
娱乐类	略	略
教育类	略	略

案例取名和润色

贴近业务，蕴含干货的案例有了，但在辅导华为一线开发和编写案例过程中，我经常发现不少优秀的珍珠型案例由于起名不当或文字干瘪，被淹没在其他案例中。这对于传播乃至评审都带来十分不利的影响，所以案例开发的最后部分，我来简单谈谈案例起名和文字润色的问题。

中国人一向提倡"好题一半文"。一个好的标题能吸引读者的眼球，最大化激发起读者的阅读兴趣。那么，怎样才能拟一个好的标题呢？

基本要求有两条。

①主标题、副标题相互搭配。主标题主要突出亮点用来抓眼球，副标题主要用来突出案例的关键信息。

②长短适当，主标题一般不超过 12 个字。

看看华为内部的"马电"案例，只看标题就能让人产生抑制不住的阅读冲动。

    主标题：我们还是以客户为中心吗？！——"马电"CEO 投诉始末

    第 5 章 悲剧在延续

    第 1 节 没有一个人到现场

    第 2 节 研究怎么回邮件，而不是解决问题

    第 3 节 谁能告诉我 2000 块板子的来龙去脉

案例标题起名的常用方法有四招。

制造反差

要点：利用强烈的反差对比激发读者的好奇心和兴趣。

例子说明：

    例 1：从 5 本到 100 本的跨越——有效提升阅读量的心得秘籍

    例 2：从"NO"到"NO.1"的战斗——S 省 D 客户融合计费项目拓展

以熟带生

要点：运用谚语、成语、热点事件等熟语使标题吸引人眼球。

例子说明：

例 1：借尸还魂——利用存量客户实现新产品突破

例 2：围魏救赵——P 国 U 项目合同改善实战

设置悬疑

要点：设置疑问，制造悬念，吸引读者关注。

例子说明：

例 1：100 万费用是怎么省下来的？

例 2：如何打一场成功的遭遇战？——总部报价支持经验分享

直奔主题

要点：将"痛点、难点"提炼出来作为标题，提出大家都关注的问题。

例子说明：

例 1：合同变更了，如何回款？——C 省 V 项目变更回款纪实

例 2：巧妙安抚有情绪员工——带领团队高压冲锋时团队激励要领

例 3：5 分钟把问题讲清楚——高效进行高层汇报

虽然标题党惹人讨厌，但是如果仅有优质的内容却因为无法吸引到关注错失了传播扩散影响的机会，也着实让人惋惜。在起名方面，除了我这里总结的几种思路外，还可以借鉴微信号、头条号文章的起名思路去多多思考，不要让思想倒在无名的垃圾筐里。

行文方面，虽然华为内部一向对文字游戏和堆砌辞藻深恶痛绝，但还是提倡案例在保持真实客观前提下能够做到引人入胜、耐人寻味。具体的建议如下：

- ◇ 效仿故事的手法，以时间、地点和人物开头。
- ◇ 适度添加一些场景和氛围描写。
- ◇ 适度增加案例主人公和关键人物的内心活动。
- ◇ 在衔接的连词上多用"然而"和"可是"凸显波折和冲突，少用"然后，然后，然后……"。
- ◇ 在章节标题和每一段收尾处设置疑问，吸引人继续读下去，而非平铺直叙。

总结一下，本章和上一章萃取组织经验紧密相连，案例是组织经验萃取的重要成果和载体。虽然组织经验萃取除了案例之外，还有模型方法、工具表单、口诀等产出形式，但案例无疑是其中最为重要的形式之一，而且案例除了可以作为成果，还可以作为中间载体，进行二次提炼和萃取。本章的中小型案例开发中就展示了这种用途。另外，案例也是下面两章将要谈到的实战演练和以考促训的重要素材依托，所以外界一谈到华为的培训，经常会谈案例教学。这不是没有道理的，华为在案例开发和萃取上的确下了硬功夫。下一章，我们将进入华为训战饶有特色的篇章——实战演练的设计。

第 7 章

转化：设计实战演练

> 将军，都是打出来的，是在工作实践中成长起来的，在战争中学习战争是能打胜仗、成为将军的最有效方式。
>
> ——任正非

没有演练，技能学习难以落地

在设计开发阶段，前面谈了经验萃取和案例开发，这保证我们有了落地的干货和方法。这些干货和方法拿来做什么用呢，除了直接教授给学员以外，它们在很大程度上是为了支持学员的实战演练。所谓仗怎么打，兵就怎么练；兵怎么练，就给什么内容。本章先来谈谈实战演练的价值，然后谈两类常规演练的开发要点，最后谈复杂场景实战演练的开发方法。

在宝洁，我接受过印象最深、效果最好的业务技能训练是 2007 年参加的一次谈判工作坊。整个谈判工作坊为期两天，是一周新晋销售经理训练营（宝洁内部称之为College2）的一部分，是其中占比最大的模块。

当时作为零售大客户经理，谈判是我们的家常便饭，可是我之前在经销商渠道工作，那时候经销商都很容易搞定，有业务想法就去告知他们，让他们买进就好了，基本上没怎么接触过谈判的场景。可是，到了零售渠道就不同了。我还记得，有一次我拿了一份活动方案去找上海家乐福的区域采购洽谈，对方只看了一眼就把合同重重地摔在地上，指着我的鼻子说："你们的费用连联合利华的1/5都不到，我们有什么可谈的。"

对于这种常见、高压、考验心理素质的实战技能，该怎么训练呢？宝洁的做法是车轮式密集演练，老师讲理论和方法大概总共只有3个小时，其他时间都是学员在不停地演练和反思。演练一共有6～8个案例和角色扮演。到了演练环节，有大演练——全班学员在一个教室里分组进行角色扮演，相关人员会统计谈判的成交结果、价格、付出的成本等数据，对所有学员谈判成效进行打分和对比；更多的是小演练——30个人的班级被拆成7～8个组，每组3～4人，转移到一个单独小会议室。会议室里除了学员之外，配一个辅导员、一个教练。辅导员负责组织流程，通常比学员高半级；教练负责点评和反馈，比学员高1～2级。学员基于案例情景，应用课上所学的框架和表格，依次准备并扮演销售，另外一人扮演采购，还有一个学员扮演观察员。每一轮模拟谈判完毕，教练会针对每个人的角色扮演给予详尽的指导，并让他们进行反思和复盘，最后教练对整场模拟谈判进行点评并总结，然后再开始下一轮。

这样两天下来，每个人都进行了6～8轮的谈判和反思，并得到了针对性的反馈。其实宝洁给定的案例背景并不复杂，有些就是租房、卖掉自己的二手音响，等等。但是这个过程完整走下来，我发觉自己有了几个实实在在的变化。第一是心里不怵了。因为谈判对手在模拟中就像我面对的真实客户，经常会虚张声势、故作姿态，原来我经验不足，心里发虚，现在我知道这都是他们的战术，也知道如何应对。第二是真正理解了谈判准备的重要性和方法。其中的谈判准备表中的要点从此以后固化在我个人的谈判习惯之中。第三是深刻领会了谈判三要素的意义，即底线、谈判空间和条件换条件，尤其是初步形成了习惯——凡是给客户一些东西，都会有意识地争取一些东西作为交换。这在以前是没有的，我跟很多新手一样，被客户一施压，东西就给出去了，完全没有想到还要索要回报。

这，就是演练的价值。谈判这项技能中有没有科学？有！有没有艺术？也有！可是这些都必须放在实战中来体会，否则都是镜花水月。谈判经历再丰富的学员也不可能在两天内经历6～8次谈判，更不必说每次真实谈判中还有机会复盘反思，然后将心得体会很快转化应用到下一次谈判中。所以，设计良好的实战演练，可以让学员当堂接受锤炼，并且现场体会到所学方法的有效性。只有在现场完成演练并且感受到学习的价值，学员才更愿意在回到工作岗位后继续巩固和强化所学的内容。

华为训战的思路与上面这个案例如出一辙，强调实战演练的作用和成效，尽最大可能把集训和学习项目中较多的时间让位给实战演练。训战 2.0 推出的时候，华大制定了一个硬性指导原则：集训里不超过 30% 的时间用来讲授知识点，70% 以上的时间用来做演练和研讨。怎么做呢？除了订立规则之外，华大一方面花大力气推行"前置在线学习＋考试"，让学员在集训前把基础知识内容消化掉；另一方面大力推广实战演练的设计方法，让演练越来越专业和有效，靠口碑去赢得委托方和学员的持续认同。

两类常规演练的开发要点

演练或者说练习，在大的分类上可以分为两类：认知练习和实操演练。前者指的是针对知识要点的实践练习，后者则是针对技能运用的实践练习。为了有针对性地介绍实操演练，我将其分为常规实操演练和复杂场景实操演练。前者特指简单的案例分析、角色扮演、上机实操、故障维修等，往往指向单一的工作任务或子任务；后者则包括实战模拟、复杂角色扮演、沙盘模拟、游戏模拟等，往往指向复合或者较为复杂的连续工作任务，因此将单独作为一个小节进行介绍。

比如顾问式销售中常见的 SPIN 销售提问技巧培训中，"四类问题"就是一个很重要的知识点，所以需要设计一个演练让学员学会区分什么是有效和无效的问题。这一关过了，再基于给定的模拟情景让学员做一个演练——设计一组有效的 SPIN 问题。这两关都过了，才让学员进入实战模拟场景。此时，培训方会给出案例和客户情景，让学员 2～3 人一组进行角色扮演，练习在实战中应用 SPIN 提问去挖掘客户需求和引导客户思路。在这个案例中，前两个练习是认知演练，是针对知识点的实践练习；最后一个练习是常规实操演练，是针对技能运用的实践练习。

之所以在这个案例中把三个环节切分开来，是因为循序渐进的分步训练更加有效，先理解和熟悉基本概念才能在实际运用中融会贯通。如果还不会走，一上来就要求大步快跑，肯定跌得鼻青脸肿。当然，如果已经是老手了,那么可能就会跳过认知练习,直接进入实操演练,而且实操演练也需要不断变换场景和提升难度,以训练学员举一反三、活学活用的能力。

认知练习

认知练习是针对知识要点的练习。在学习设计实例中,你往往会见到一些比较低级的练习方式。比如,一个教授"高绩效团队打造"主题的培训,可能在练习中会要求学员回忆课上学到的良好团队协作的五大特征、促进高绩效团队建设的五个步骤等内容,但实际上这些练习都是死记硬背的回忆层次的要求,对于学员真正理解和掌握知识要点几乎没有什么帮助。

为了克服上面所说的这种设计练习时机械低级的问题,有必要将练习提升到更高层次的要求。这里我们来简单了解一下教育目标的层次。美国教育大家本杰明·布鲁姆提出,教育目标共有六个层次,表7-1按照从简单到复杂的顺序依次列出。可以将层次看作难度等级,在进入下一等级之前,必须掌握上一等级。与我们主要靠形容词描述程度不同,布鲁姆更强调依靠动词体现知识、技能和态度的学习和掌握程度。

表 7-1 布鲁姆教育目标层次及常用行为描述动词

层次(从上往下等级由低到高)	常用行为描述动词
回忆:从记忆中提取相关的知识	回忆、记忆、识别、列出、定义、陈述、呈现、识别、复制
理解:指对事物的领会,但不要求深刻,而是初步的且可能是肤浅的	说明、识别、描述、解释、区别、区分、重述、归纳、比较、重写、证明

（续）

层次（从上往下等级由低到高）	常用行为描述动词
应用：在给定的情景中执行或使用概念、法则、原理。这里所说的应用是初步的直接应用，而不是全面、通过分析、综合地运用知识	应用、计算、变更、展示、发现、修改、论证、操作、实践、分类、举例说明、解决
分析：将材料拆分成不同的组成部分，确定各部分之间的相互关系，以及各部分与总体结构或总体目标之间的关系	分析、检查、实验、组织、对比、比较、辨别、区别、图解、概述、关联
综合：以分析为基础，全面加工已分解的各要素，并再次把它们按要求重新组合成整体，以便综合地创造性地解决问题	组成、建立、设想、设计、生成、重排、重建、重组、开发、计划、支持、系统化
评价：认知领域里教育目标的最高层次。这个层次的要求不是凭借直观的感受或观察的现象做出评判，而是理性、深刻地对事物本质的价值做出有说服力的判断。它综合内在与外在的资料、信息，做出符合客观事实的推断	评价、估计、评论、鉴定、辩明、辩护、证明、预测、预言、支持

需要注意的是以下几个方面。

◇ 行为描述动词的熟悉和使用是更加精准地描述教育目标层次的基础，尽量少用或不用"理解""深刻理解""掌握""熟练运用"这类含混不清的表述。

◇ 六个等级是向上兼容的，也就是说高等级要求自然包括了低等级要求。例如，一个学员如果能够应用 SPIN 去提问，我们就认为他在回忆和理解层次上不成问题。

◇ 一般而言，回忆和理解被称为低层次的学习，应用及以上的层次被称为高层次的学习。这要求我们在设计知识练习时要时刻注意把练习的层次往更高的等级迁移，能在理解层次上提出要求和设计练习就不要设置简单背诵和记忆的练习。

◇ 在成人课堂集训中，限于时间和演练的次数，一般很难达到分析以上的掌握层次，更高等级的掌握需要借助在岗实践和充分的反馈来实现。

了解了教育目标的六个层次，我们来盘点一下知识练习的形式和设计要点。表7-2列出了五种常见的认知练习形式，很多画线、拖拽（在线）、涂色只不过是其中一些练习形式的变形罢了。

表 7-2　五种常见认知练习应用提示

形　式	描　述	应用提示
选择题	通常提供 3～5 个选项，选择其中正确的选项	• 确保测验题目与学习目标相符 • 尽量避免单纯地回忆，或选项可凭借逻辑推理排除 • 确保所有选项具有类似的语法结构和长度，恰当设置迷惑干扰项
是非判断题	学员需要判断陈述是否正确	• 使用意思明确的陈述语句，避免可能存在歧义的表述 • 避免使用否定或双重否定句 • 语句尽量保持简短，便于阅读和理解 • 一条陈述中只包含一个明确的观点
连线搭配题	通常包括两个列表，要求学员将一个列表中的项目与另一个列表中的项目关联起来	• 与选择题类似

（续）

形式	描述	应用提示
填空题	要求学员填空或列出简要回答	• 避免使用一些仅仅要求学员回忆事实的填写题，除非这种回忆是工作要求必须识记的内容 • 避免过于开放的多种可能，更应避免强制人为设定某一种说法合理的情况
简答题或问答题	此类题目要求学员不定格式地自由回答	• 谨慎使用，因为此类形式中答案的评估比较主观 • 把问题表述得清晰明确无疑义 • 制定一份判分的参考答案，重在思路和要点，不要过于吹毛求疵

安迪曼（2015）把六种认知练习形式（包括了下章将要谈到的纸笔测试（综合问答））跟上述布鲁姆教育目标层次结合起来，得出了一个 6×6 的练习和测试设计指引矩阵，如表 7-3 所示，可用于规划每一种练习具体想要达到或对准的目标。

表 7-3　练习和测试设计指引矩阵

	选择题	是非判断题	连线搭配题	填空题	简答题	综合问答
评价						√
综合					√	√
分析	√				√	√
应用	√	√		√	√	√
理解	√	√	√	√	√	√
回忆	√	√	√	√	√	√

常规实操演练

与认知练习不同,实操演练常常指向一项任务,要求学员动手或者基于模拟场景展示一项任务的完成。它基于对前面知识的学习和领会,但更加强调应用,例如,前面的基于 SPIN 提问框架在角色扮演中探询客户的需求;再如,根据给定的案例情景,制作或完善一份项目投标材料等。可以看出,实操演练所对准的学习目标基本上都是应用及以上的层次。

我们之前开发过一门面向合作伙伴及外包员工的企业文化课程,在学员了解了华为发展历程和一些内部故事之后,我们提供了一个"快""大""高""强"的框架,要求学员三人一组,用这个框架模拟一个面向合作伙伴介绍华为的情景,并在 2~3 分钟内表述清楚华为的特点。之前华为大事记和成功故事是应知应会的识记性内容,这样稍微转换一下,就把企业介绍跟实际运用结合起来了。因为学员在日常工作中经常在门店、合作伙伴会议、培训中碰到此类场景,所以这个实操演练受到了学员和直线经理的欢迎。用同样的思路,我们也对华为核心价值观中的以客户为中心、坚持艰苦奋斗做了类似的设计改造,也获得了良好的反响。

复杂场景实战演练开发要点

以上都是常规演练,华为的训战里经常出现为期两周甚至更长时间的集训,针对复杂项目或复杂任务的赋能,常见的情形有模拟制订方案或标书等、复杂角色扮演、仿真游戏、实地调研及沙盘推演等。这时,以上常规演练的设计方法就显得捉襟见肘了,华大为此专门开发出一个适配于复杂场景的实操演练开发五步法,如图 7-1 所示。

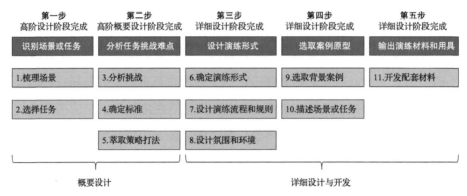

图 7-1 复杂场景的实操演练开发五步法

第一步：识别场景或任务

1. 梳理场景

（1）沿目标赋能人群的岗位职责、角色、工作流程梳理其具体的工作任务。

（2）任务的颗粒度可大可小。

2. 选择任务

（1）必须是业务流程中的关键环节（影响大、频度高、难掌握）。

（2）必须是有共性的痛点，目标赋能人群完成该任务时普遍有能力短板。

（3）必须是学员本人动手完成、不可以授权他人的任务。

（4）需要掌握多种知识技能才能高质量完成该任务。

第二步：分析任务挑战难点

3. 分析挑战

（1）完成任务的难点有哪些（必须解决的关键问题、关键技术、影响因素、能力短板等）？

（2）新手通常误入的雷区有哪些？

4. 确定标准

（1）确定任务的输入、输出件。

（2）确定输出件的完成标准（为后续演练考察点、评估标准做准备）。

5. 萃取策略打法

（1）收集素材。

（2）分析个案（行为—思考—结果）。

（3）提炼策略打法工具。

第三步：设计演练形式

6. 确定演练形式

（1）实战模拟（如投标、战略规划等）。

（2）角色扮演（如谈判、高层拜访等）。

（3）沙盘演练（如变革沙盘等）。

（4）游戏（如库存管理等）。

7. 设计演练流程和规则

（1）确定角色及分工。

（2）确定演练的步骤和规则。

（3）设计对抗要素及对抗规则。

8. 设计氛围和环境

（1）建立评分与激励机制。

（2）设计仪式（对抗宣誓、礼仪等）。

（3）趣味化、娱乐化设计（跑男、中国好声音等比赛形式）。

（4）环境布置（服装、音乐、道具等）。

第四步：选取案例原型

9. 选取背景案例

（1）是典型市场、典型国家的案例。

（2）是公司战略任务的案例。

（3）案例信息能支撑知识技能的应用。

10. 描述场景或任务

（1）撰写案例背景。

（2）描述该案例场景下的任务（或研讨问题）。

（3）编写任务的输出件标准。

（4）编写完成任务需要的工具、模板。

（5）编写评价标准和点评要点。

第五步：输出演练材料和用具

11. 开发配套材料

（1）实战演练引导 PPT。

（2）学员手册。

（3）引导员手册。

（4）挂图等辅助用具。

这个流程有五步 11 小节，看上去比较复杂以至于让人望而却步，但实际上这是一个完整版，适用于十分复杂的任务演练情形，例如，连续

5～10天围绕一个大型项目案例分阶段关键节点进行实战演练和研讨就属于这种情形。绝大部分企业在设计自己的实操演练时遇到的情况没有这么复杂，而且这里的假设是集训，以演练为主，内容输入只是作为辅助。这时开发一个演练几乎就等同于开发一个长时精品业务课程。如果是跟课程配套的实战演练，很多环节如萃取策略打法、选取背景案例、描述场景或任务等，在课程设计开发环节已经都做过了，真正设计演练时就不用重复劳动。

话说回来，以我的切身体会来说，在华为设计一个实战演练所花费的时间和心血的确相当惊人。我们做C8数字化交付转型项目演练时，项目组加上业务专家多达几十人，前后花了4个月才逐渐打磨成形。为什么要花这么大的投入？正是前面所讲的，练兵重在实战，复杂任务的训练通常很难在完全真实的工作场景里展开，模拟的实战演练就成为最佳的替代解决方案。模拟实战要萃取原始大案例形成故事线，要设置埋点和雷区，要在数字化平台上跑通数据逻辑，要设计模拟演练的环境和竞赛机制，事情真的是既难且细。最后设计出来的实战演练要在全球面向几千人交付，没有扎扎实实的全心投入，真的是难以想象结果会是什么样子。

下面通过C8的经典版训战案例[一]来展示一下应用复杂演练开发五步法设计出来的实战演练项目。

案例背景

C8项目管理资源池培训项目对应于华为公司项目一线"铁三角"之一的项目交付部分，以提升公司项目一线交付能力为

[一] 葛明磊，黄秋凤，张丽华. 基于学习目标的企业培训课程设计与实施［J］. 中国人力资源开发，2017，11：98-107.

主要目标。项目管理资源池中的"C8"在华为也被称为"八大员",包括项目经理、项目合同、项目法务、项目质量、项目供应链、项目采购、项目技术、项目财务等八个专业角色,后又加入项目 HRBP 角色,与华大项目 HRBP 赋能项目连为一体。C8 协同是一线项目中极为重要的实战场景,过往培训以单一角色为主,无法满足公司对项目交付的学习要求。C8 项目管理资源池培训项目旨在帮助八条行业线的专业人员跳出专业领域局限,从八大员集成视角,协同提升项目管理与经营。

针对项目管理资源池学习项目,华为总裁任正非有明确的要求:"项目管理资源池主要是推动八大员的循环进步,倾向于以执行为中心……我们要考虑如何培养善于快速判断事故根因的专家,培训不是关起门讲课,而是参加实战,将军是打出来的,一定要上战场。"(田涛、吴春波,2012)作为全公司的内训中心,华大承担了华为三大战略预备队的具体培训工作。为此,华大 C8 项目管理资源池项目组通过一系列课程教学设计技术和策略,使"训战结合"理念贯穿了 C8 项目管理资源池的整个课程设计与实施过程。

项目总体设计与学习场景规划

为真正做到"训战结合",C8 项目管理资源池培训的 10 天课程以场景化、标准化和真实项目演练为核心原则,设计了数十个典型业务场景,开发并提供了近 100 个公司标准化表格工具,设计了四个公司级重大项目案例演练。这四个项目案例分别基于中亚、东南亚和南亚等片区和代表处的典型项目，由华大项目管理与案例开发相关部门抽调专人组成研究小组，与一线业务部门人员共同配合完成采编、调研和文稿撰写等工作。为重现项目经营与管理的真实过程，C8项目管理资源池培训课程也仿照公司一线项目管理实操过程划分为四阶段——项目分析规划阶段、项目建立阶段、项目实施阶段和项目关闭阶段，各典型业务场景分布其中。

在营造训战的培训环境和学习氛围方面，项目组也投入了较大精力进行设计，其实施由班主任具体负责。在第一天正式课堂培训前的开班环节，班主任引导学员分成四个小组。仿照真实的项目组，小组团队成员由来自不同背景、不同地区部的C8角色组成，大家需要设计出项目组的口号并完成项目组的约定（运作规则）。之后，各小组模拟真实项目"发文"的形式，完成团队组建。学员自行分配C8角色，填写并张贴小组的"项目任命书"。项目经理是第一负责人，课程的四个阶段相当于四场项目战役，每一战役结束后各组可重新推选项目经理。在项目经理带领下，八大员共同对整个项目成败负责。各小组在培训课堂上挣得的分数作为积分，模拟项目经理为团队成员分配"项目奖金"的情境进行操作，评选优秀小组和优秀学员。为巩固学员课堂学习的知识，班主任会在课间进行问题抢答的活动，提供学员学习分数奖励，激励学员及时复习。

1. 卡牌仿真游戏

C8项目管理资源池培训的正式课程以卡牌仿真游戏（见

图7-2）环节开始。为使较为枯燥的理论知识和信息为学员所接受，C8项目管理资源池学习设计人员设计了卡牌仿真游戏，寓教于乐。卡牌仿真游戏的目标是使学员在有限的时间内，快速了解C8所遵循的流程及概貌；了解目前流程在协同性上的设计，并讨论出项目组的应对措施。在游戏过程中，各小组输入相关指导信息。信息内容以卡牌的形式呈现，学员需要自主学习后分拣对应卡牌。因卡牌的内容分属不同角色，小组内部需要进行团队讨论，最终用卡牌在图纸上输出可执行的交付方案。

图 7-2　卡牌仿真游戏示意图

讲师点评环节的教学重点不在于找到最终答案，而是引导学员分享找答案过程中的思考，特别是不同组、不同角色之间的不同观点；同时，讲师要结合自己的经验，提炼分享此阶段的关键业务理解。

2. 团队实战研讨与角色扮演

进入课程主体部分，依照C8项目管理资源池培训教案，20多个典型业务场景构成了课程的学习单元，共同组成了课程内容的分析规划、项目建立、项目实施和移交关闭四个主要阶段。

课程实践由10%的讲师引导、50%的研讨演练和40%的学员展示、互评与分享组成。以规划阶段为例（见表7-4），在每一场培训的演练场景中，讲师首先向学员传递理论性知识和信息，然后引导学员针对案例问题进行团队研讨，各组输出团队研讨成果并进行展示和组间点评，最后由讲师进行点评总结、案例真实场景还原和自身经验与方法论分享。在部分演练场景中，还会由学员进行角色扮演，在课堂上亲身体验项目评审与谈判现场的模拟场景。其他阶段演练场景的培训实践与第一阶段类似，实行统一标准化交付。

表7-4 项目规划阶段的演练设计

演练场景	学习内容	演练形式
交付方案开发与评估	掌握项目交付方案开发与评估的理论知识与操作流程要点	• 讲师精讲
	了解并熟悉华为公司的项目交付方案开发流程与评审的关键点、成果输出模板与动作，掌握交付方案开发与评估的评审标准；提升C8在交付方案开发与评估过程中的角色协同与方案整合能力	• 小组研讨 根据案例所提供的背景材料和辅助资料，小组成员共同制定本组的交付方案报告并提交给评审组 • 角色扮演 一组学员扮演C8交付项目组，一组学员扮演评审组，其他学员作为观察组 观察组对项目组和评审组的表现逐一进行点评 讲师对学员表现进行点评，讲解并分享自身在真实项目中的交付方案开发及评审经验与案例

（续）

演练场景	学习内容	演练形式
项目合同制定与谈判	掌握合同草案起草流程与方法，了解项目谈判准备、策略与技巧	• 讲师精讲
	制定谈判策略；掌握合同谈判策略方案的实战应用；提升C8在谈判策略制定及谈判现场的多元角色整合与行动协同	• 小组研讨 结合华为项目谈判方法和工具，各小组成员相互协作，制定合同谈判策略 • 角色扮演 （1）一部分学员扮演客户，一部分学员扮演华为项目组，进行谈判。谈判完毕后对合同进行修改，交由客户组签字 （2）学员点评。学员对其他组的表现进行点评，分享自己在过往合同谈判经历中的案例 （3）讲师点评。点评学员表现，分享自己参与真实项目合同谈判的案例，讲解合同谈判的注意事项和技巧

3. 乐高沙盘演练游戏

在第三阶段（项目实施阶段）的"项目沟通、质量、文档管理与项目验收"的课程中，为提升学员的培训体验，课程开发人员专门设计了乐高沙盘演练游戏（见图7-3），将实战项目管理中沟通、质量保证、文档管理与项目验收交付等关键动作浓缩到一天的游戏演练中。如何保证质量，如何与客户进行有效沟通，如何管理文档，如何保证客户成功验收，带着这些问题，学员进入游戏。

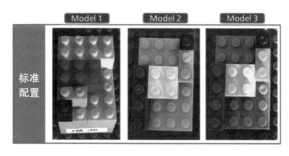

图 7-3　乐高沙盘演练游戏示意图

乐高游戏生动地再现了项目一线工作流程和实际场景。在游戏中，乐高玩具被华大工作人员组装成了不同型号的"通信基站"模型。讲师扮演客户角色，发布项目需求信息，学员扮演供应商角色，代表华为一线项目组完成交付和客户沟通工作。华大派出专人扮演客户方验收官，负责验收站点和盘点存货。班主任扮演供应中心人员，发送货物。客户要求每个小组总共交付 45 个"通信基站"，分三期完成任务，每期交付 15 个。每个团队在规定的时间和预算范围内完成交付，客户验收完成之后签字回款。在游戏中，包含了 C8 各角色的小组如能做到各负其责、协同作战，团队在游戏中的任务绩效明显更为出色。

在游戏中，每一期任务结束后，讲师会组织学员进行即时复盘讨论。学员通过组内研讨对上一期中出现的问题进行总结，并在下一期中立即进行改进。通过持续的"干中学"，一方面提升团队协作氛围，另一方面提升项目实施与现场作业的工作效率。三期游戏任务全部结束后，讲师针对游戏演练中的关键点进行点评与总结，并介绍公司相关的标准化流程内容。此时学员脑海中已有了仿真的"项目操作经验"，可以更有效地理解和吸收课程所传递的知识。

4. 个人案例分享

华大 C8 项目管理资源池学习项目组设计了学员案例学习环节，白天在课堂上由讲师主持大型案例问题研讨，晚上由学员进行个人案例分享。

根据哈佛商学院和毅伟商学院的案例学习方法，学员案例学习分为三个阶段：个人准备阶段、小组讨论阶段、班级（大群体）讨论阶段。三个学习阶段中学员对案例的学习循序渐进，能力持续提升。

（1）个人准备阶段：在前来参加 C8 培训课程之前，华大要求每个学员撰写并提交与自己过往项目经历中有关 C8 协同的案例，并计入训战成绩。在进入小组讨论阶段之前，班主任会就"如何写一个好案例"的主题对学员进行小型案例写作的方法论与技巧赋能。

（2）小组讨论阶段：各小组自行组织团队成员进行案例展示，鼓励充分讨论与思想碰撞，并在组内评选出四篇左右的优秀案例，以进行下一阶段的大群体（班级）分享讨论。

（3）班级讨论阶段：学员就每个小组自行评选出的优秀案例在班上进行公开展示，设置答疑环节，由全班同学共同讨论。没有展示机会的学员，鼓励其积极思考和提问。最终评选出八强案例，在华为公司内进行全球推送。

C8 项目管理资源池培训项目设计十分精良，紧扣实战场景，形式丰富多样，自面世以来一直作为华为战略预备队的经典训战项目，在内部广受好评和表彰。以下我们借助复杂演练五步法简单梳理一下该案例（见表 7-5），帮你加深体会和认识。

表 7-5　C8 案例演练开发要点对照

演练开发步骤	案例体现
1. 识别场景或任务	由于 C8 训战针对的是运营商业务交付项目中 8 大项目成员的协同作战，因此演练围绕的任务流程就是真实的项目交付流程，共分为 4 大阶段 17 个关键节点，而且尽量针对需要团队协同的场景任务，如合同交底、风险识别、计划集成等，而那些只需要个别角色单独了解的内容和任务，则要么砍去，要么放在训前的前置学习里通过"自学 + 考试"解决
2. 分析任务挑战难点	任务流程和场景还原出来以后，召集各业务线专家采取群策群力、专家头脑风暴等方法，一起逐一按照规范流程梳理每一项任务的输入、输出、完成标准，以及新手常遇到的雷区和挑战点。然后再围绕这些去采编、适配 4 个地区的大案例，深度萃取案例中的打法，作为后续评价标准和点评依据的雏形

(续)

演练开发步骤	案例体现
3. 设计演练形式	内容要点和演练梳理清楚后，根据演练目标和10天演练的学习强度和投入度期望，选择合适的演练形式。例如，总体项目协同流程和节点的巩固，采用卡牌仿真游戏；站点的模拟安装，采用乐高模拟游戏；整体模拟，采用"案例演练+团队研讨"的方式。为了提升学员的竞争意识和投入度，项目组还精心设计了一系列团队积分规则和场景布置，包括团队激励仪式
4. 选取案例原型	因为涉及的演练场景多达几十个，原始大案例并不能全部涵盖，这时就要补充一些案例细节如新增一些局部的典型市场案例，夯实演练的场景。等案例和知识技能点全部确定后，开始撰写演练材料，包括引导员、学员、班主任所用的材料，特别重要的是演练整体编排逻辑和流程以及评价标准
5. 输出演练材料和用具	这一步就是对所有材料进行定稿、总装，确保能够支撑针对引导员、班主任的赋能，以及国内外的密集标准化交付

从实战演练到项目历练

现实中实战演练的形式是多种多样的，本章我们重点谈了三种常见的集训演练方式。其实，发挥想象力，对准实战，培训完全可以让学员通过真刀真枪直接上战场拼杀来进行历练，既可以是短期的门店或展厅销售实战（如本书第1章开篇案例），也可以是为期数月的专题项目历练。例如，第2章分享的青训班第三阶段为期3个月的项目实践，以及华为终端长期坚持的面向研发、业务线同事的西点训战，即将学员派驻某一个县域市场，直接加入当地作战部队，承担一个实际任务角色，并对市场拓展、销量和份额提升直接负责，通过这种方式来增加他们对于一线和市场的敏锐度，丰富其眼界，使其工作更好地对准一线实际情况和客户的需求。凡此种种，都收到了良好的效果。

所以，我们可以按照仿真度的高低对演练活动进行归类和排序。在如图 7-4 所示的常见演练活动仿真光谱图中，越往右演练活动的仿真度越高，实战训练效果越好，越往左演练活动的仿真度越低。当然，一般而言，仿真度越高也意味着越大的开发投入和难度，所以也需要均衡考虑，确保把"好钢"用在关键岗位、关键训战项目上，不要盲目追求高精尖。

图 7-4　常见演练活动仿真光谱图

中国古人造字是很有智慧的，比如，"学习"二字的繁体写法为"學習"。"學"是小孩子在一个有屋檐的房子里读书的情景；而"習"字，上"羽"下"白"，它是古人观察到幼鸟在白天迎着太阳，展翅练习飞翔时羽毛散落下来的场景后，所造出的字（见图 7-5）。这说明古人很早就领悟到了"光说不练假把式"这一颠扑不破的道理。

总之，审视一个学习项目，如果是线下的训练，就看演练环节是如何设计的；如果是线上的学习，就看任务打卡环节是如何设计的。为什么？因为这里最见真章。

图 7-5 "习（習）"字的由来

资料来源：参见每日学习网：http://www.mygx.net/zi/zi.asp?id=107。

设计精良的演练必须对准赋能点和赋能所需达到的目标层次，这就要求教学内容点必须清楚，目标必须清晰。同时，有演练必有反馈，所以配套的方法必须有效，不然没法反馈和点评，所以，通过演练这一个纽带，就能体现出与之衔接的上下游环节是否梳理清晰到位。因此，这是一个很好的观察切入点，就好像日本人考查业务合作伙伴不去展厅、不看厂房，而喜欢从卫生间等死角观察一个企业或工厂是否管理到位一样。

第8章

检核：推进以考促训

> 新兵应该进入后方新兵营，训练与参战结合，跟随老战士出战，不断做好战斗准备。新兵只有会开"枪"后，才允许上前线。所有员工在有作战任务时，以考核为主；闲时，要频频考试，以考促训。
>
> ——任正非

我一开始听到以考促训这个词儿是有点鄙夷和不屑的——是不是又是鼓励死记硬背，或是华为军事化教育和洗脑的副产品？我在内心里充满了疑惑和抵触。随着了解的深入，我逐渐放下了自己固有的成见，开始领略到考试这件事远远不是我原来设想的那种方式、那种价值。

如果让你设计一个任务或者一道考题，考查中学生在语文课上对《史记》中人物的理解，你会设计什么样的考题呢？背诵这个人物的生卒年份？给他一段文言文，让他改写成白话文章？

在2020年"时间的朋友"跨年演讲上，罗振宇分享了北京一所名校的做法，那就是给任意一个《史记》里的人物写一份求职简历。请注意，这可不是一个噱头，它是一个实实在在的真实世界的挑战，它背后牵扯到诸多的知识点和实际应用。

以汉朝开国皇帝刘邦为例，要想给他写简历，首先得对刘邦的生平足够了解，如有哪些工作经历，擅长做什么，有哪些社会资源。

其次，你还得了解他应聘的那份工作。比如，你要让刘邦应聘一家牛奶公司在某个区域的销售总监，你得知道和了解这个工作的核心工作职责和需要的能力。

最后，你还得有本事进入刘邦这个角色，站在他的立场上，帮他通过这份求职简历，完成一次自我推销。

梳理和盘点一下，这里考查的能力包括熟读《史记》中的人物传记，翻查与这个人物相关的各种资料和轶事，借助互联网和亲戚朋友去了解社会上一个职业的总体情况。然后，你还必须有清晰的逻辑思路和扎实的写作功底。最关键的是，这篇文章写出来要有趣、有用，解决一个虚构的但有现实意义的问题，而且任务成果可以评价，即到底有没有达到要求。

除了给《史记》中的人物写简历，罗振宇还列举了未来的小学语文题："如果你想增加一个节日，理由是什么？如果你想减少一个节日，理由是什么？"他还列举了未来的高一生物题："如果把细胞看作一个招聘单位，写一份代表细胞结构中某一部分例如细胞壁的应聘简历。"

考试是一个工具，用得好坏，全看题目怎么出，由谁出，就像20世纪初期那些不拘一格出题、破格选拔人才的佳话，至今仍让人津津乐道。

体验华为的"考军长"

华为的训战中考试多而且分量大,广为人知。2014年3月,在一次华大建设思路汇报会上的讲话中,任正非强调:"在华为现实工作中,我们不主张多考试,因为浪费实战时间。但是在华大培训,主张多考试,一个星期至少考三次。培训结束之前,先把你自己的沙盘讲清楚,毕业后带着沙盘回去,一边实践,一边修改,最后看结果。"任正非对考试价值的强调和看重,由此可见一斑。然而,培训中的考试毕竟是学习的副产品,华为后来慢慢发展出一套以考促训,甚至以考代训的方式,堪称对考试的创新型运用。下面我们就通过2019年搞得轰轰烈烈的"考军长"透视一下。

2019年,华为启动针对人力资源团队无差别的全员大练兵和大考核,内部称之为"考军长",作为人力资源体系变革的重要举措之一。

HR"考军长"到底怎么考?

(1)**考核形式**:加强版"现场述职+问答",时长1~2小时,而且在华为内部实时网络直播。

(2)**考核内容**:受考者需要梳理好自身过往技能积累、贡献产出以及面向未来的贡献设想,并接受主管、同僚、下属以及周边相关职能部门的工作反馈,深入认识工作期望及当前差距。

(3)**考核时间及人员**:2019年上半年,完成HR体系岗位任命职级19级及以上的中高级主管和专家考核;2019年下半年,聚焦HR体系岗位任命职级18级及以下的全体人员。

(4)**考核结果**:未经考核,2019年全年冻结HR个人晋升及调薪,但可先任命上岗;考核不合格的直接淘汰。

为啥要从HR开始启动"考军长"?

HR 不接地气，需要重建"HR 铁军"

任正非在 2019 年 3 月 9 日的总干部部务虚会上说："HR 队伍更要有战斗力，这不是口号，是实操。我认为，每一个 HR 都要上战场去开几'炮'，打不准就下岗……我们很多 HR 还没有深入过基层团队、基本没去过作战现场，工作重心还偏高，对于炮声听不见、对于问题看不见，这样怎么能洞察需求，帮助部门主管解决问题？"

所以，华为 HR 启动"考军长"核心目的是为适应变化的业务需求，激发组织活力，促进各级业务团队多打粮食、增加土地肥力、提高人均效益。公司人力资源自身队伍首先必须是一支服务业务、专业精深的"铁军"。

部门僵化，改革先从自己开始

任正非还说："当前公司组织层次太多，管理太复杂，作战人员太少。非作战人员比例过大，实行一定的精兵简政是必需的……先从你们自己的办公室淘汰几个，淘汰到自己胆战心惊……改革先从自己革起，如果 HR 自己不革命，就不要去革别人的命。"

从正向的角度来看，华为希望通过"考军长"机制，帮助人力资源部管理团队更深刻地了解队伍当前的工作与技能情况，对能力短板和工作方向有更好的洞察与思考。

"考军长"制度由来

"考军长"制度不是华为发明的，是从我国陆军的训练机制中借鉴过来的。

为锻炼提高战役筹划指挥能力，2018年6月，我国陆军13个集团军军长依据抽签确定顺序依次接受陆军考核。

这是陆军首次针对高级指挥员展开的军事训练等级考评，考评内容紧贴使命任务、坚持问题导向，具有很强的实案化背景。

陆军会提前20小时下发想定作业条件，受考人员依托野战帐篷封闭展开战役筹划作业。每天上午、下午各安排两名军长受考，每名军长考核1小时。

考生必须独立手工完成作业，8个小时的应考时间、超大的作业量，对每名指挥员的脑力、体力都是不小的考验（见图8-1）。

图8-1 "考军长"现场

关于陆军"考军长"的意义与作用，中国人民解放军国防大学教授范承斌认为："指挥能力的提高有多种方式，指定考核只是其中的一种，以后也可以通过丰富考试的或者考评的内容和方式来多角度评判一个将官的指挥能力。通过我们军职领导干部的备考这个过程就已经实现了我们练谋略、练指挥、练内容等参训方法的目的。"

那么,"考军长"的成效如何呢?我们可以从心声社区上一个参加了"考军长"的网友的现身说法去体会和感受一下。

"我是HR,我看'考军长'挺好的,公司也不会逼谁去听,就是公开考。有些场次的内容与我相关,我就去听听别人对工作的思考、专业方面的结构积累,这是很好的学习机会。看看别人被考的内容,想想自己的工作,我觉得很有收获。

临时通知我明天参加考试,我就计划拿着平时的电脑去讲,东西都在那里,不用像不干活的挖空心思去做PPT,平时我们还没有去讲的机会呢。

想想自己原来只知道完成任务,没有人给予反馈,领导平时忙,不理你,现在花2~3小时听你讲,给你建议,直接说出自己的要求与想法,双方对齐想法,挺好的。考过的兄弟说,考完出了一身汗,但还是很有收获的。看着平时的大拿也被严格考核,再看看自己,差距还是很大的。努力!争取明天有好结果。"

可以看到,在这位华为HR看来,参加"考军长",首先,可以让自己借此梳理工作心得和思路;其次,通过跟其他专业岗位的对照,可以让自己明确差距;最后,可以让自己跟领导对齐想法和工作方向,获得针对性的反馈,可谓一举多得。这些都是通过常规培训去提升能力时鞭长莫及的地方。

以考促训是对学习设计的颠覆式思考

学习设计,一般都强调从需求或内容出发,但华为的以考促训打破了这种惯性思考逻辑。很多时候，你从考试或者测试出发来规划和设计学习项目，往往能收到意想不到的效果（见图8-2）。

图8-2　考试驱动的反向学习设计

2018年，华为针对国家主管成立了一个经营效益改进分析班。因为该年年初，这些国家主管领到了一个任务——通过开源节流、挖潜管理效益，实现经营效益对比上一年提升2%。这个班就是为了给学员赋能，支持他们完成这一经营目标。真正开始学习设计时，项目组却犯难了。提升经营效益改进是一个很宏大的目标，围绕这个目标的实现，有很多的业务动作。比如经营目标的分解、团队协作、合同的改善、财务分析等，几乎会囊括一个代表处的所有工作。全面教授这些内容既不需要也不现实，而拆分出其中的关键动作在理论上固然可行，但是耗时费力，加上学员都相当资深，聚焦关键点也很有可能出力不讨好。

那该怎么办呢？项目组成员想到了以考促训：我们为什么不干脆把皮球踢给学员本人呢？把这个目标作为一道考题抛给学员，看他们如何思考、如何实现、如何推动，因为这本来也是学员自己的现实工作。想到这里，大家豁然开朗，于是就把这次赋能变成一个考试，所有学员入营学习的目的是参加最后的答辩，答辩的题目就是"你会如何落实2%的经营效益优化和改进？"。答辩由上级和专家组成评委来进行评审。整个学习过程中很少有老师讲课，主要是学员自己查阅资料、对照自己的经营情况进行反思，并互相辩论。因为有了最终的考试验收环节，大家保持了旺盛的求知欲和学习动机，学习积极主动而卓有成效。答辩评审完，大家就带着自己拟定的思路和行动计划去岗位上付诸实施。适时再召集研讨碰撞和复盘总结，这就成为一个完整自洽的闭环学习。整个项目经过引入考试，焕发新生，得到了上下一致的好评。

后来，美国教学设计专家Thiagi来华大授课时，大家会心一笑，发现他的专业经验和华为的做法可以说是不谋而合。

他举了一个例子。他的培训公司曾经为客户服务代表（CSR）设计过一个培训课程包，主题是如何在客服电话沟通中向生气的客户表达同理心。

他一反常规，没有先调研需求和开发内容，而是先为这个培训设计了如下的终极测试。

> 学员将会在一些电话场景中进行角色扮演。测试会呈现一些不可预知的客户通话。在这些通话中，客户都表达了强烈的不满。学员的表现将通过一个客观的检查表进行打分评估。
>
> 为了创建更加实战的场景，他们和经验丰富的客服人员、主题专家以及真实的客户进行合作。"最终"版的角色扮演作业测验包含了10个不同的情境，代表了不同类型的内外部客户，他们各自对不同的产品和服务有着不满。Thiagi的公司为客户创

建了 5 种不同的性格档案（有温顺谦和者，也有口出脏话、盛气凌人者）。将这 5 种不同的个性分别用到 10 种情境中，就得到 50 个不同的版本。为了评估每一个测验对象的能力，会要求他们在两个随机选择的场景中进行角色扮演。为了确保随机场景难度大致相当，培训公司聘请了即兴表演者与客服代表进行通话。

跟华为做法不同的是，由于时间和预算的限制，这些测验最终并没有实施。然而，培训公司采用并调整了这个测验编写计划的部分环节，而且由于提前想清楚了终点，整个培训设计变得更快、更好。

Thiagi 对此总结到，学习设计就像坐在四个贴着"目标""内容""活动""测验"的鞋盒子前面，你脑海里蹦出任何想法，都可以把它写到一张想象的卡片上，并投进适当的盒子里，而标有测验的那个鞋盒往往是给你最多颠覆和灵感的盒子。

后来，华大为了夯实以考促训的理论基础，又带领我们仔细拆读了《认知天性：让学习轻而易举的心理学规律》和《学习之道》等严肃认知心理学和脑科学研究著作，发现近年的科学研究中大家已经达成一些基本共识。那就是测试作为一种刺激主动提取检索的有效方法，不仅有助于提升知识留存和记忆，也会强化学习经历，促进学习薄弱点的诊断和巩固，避免我们从小就非常熟悉的"一看就会、一做就错、一过就忘"的熟练度错觉。

飞行员通过测验学习

相信只靠反复接触就可以学到东西，这样的培训机制并不少见。飞行员马特·布朗就是个例子。当马特准备从活塞引擎飞机再升一级时,他被雇用去驾驶喷气式商用飞机。要想拿下喷气式商用飞机的驾照,他需要掌握许多全新的知识。我们让他描述一下这个学习过程。他说,老板把他送去参加了一项为期18天、每天10小时的培训。马特将其称作"填鸭速成式"教学。在最开始的7天里,他们完全待在教室里,听讲师讲解整架飞机的工作机制:电路、燃料、气动装置等设备,这些设备如何协同、如何运作,以及这些设备的压力、载重、温度、速度等安全系数。讲师给马特提出的要求是,通过大概80个不同的"记忆任务",在不经思考的情况下,能毫不犹豫地采取行动,在发生任何一种意外时能立刻稳住飞机。这里指的意外可能是气压突然下降、推力反向器在飞行中突然脱落、引擎失灵、电路起火等。

马特和其他学员花了数小时观看有关飞机关键系统的幻灯片,看得头昏眼花。这时,发生了一件有意思的事情。

"大概在第五天课程过半的时候,"马特说,"他们在屏幕上放了一张燃料系统的原理图,上面画着压力感应器、断流阀、喷射泵、支管线等各种设备,实在很难记住。这时一位讲师问我们:'谁在飞行中遇到过燃料过滤器支管线路灯亮起的情况?'坐在后排的一位飞行员举起手。讲师说道,'说说发生了什么事',突然间你就会想,要是我遇到这种情况会怎么办?"

"那个人当时飞在差不多10千米的高空。由于燃料里没有防冻剂,过滤器正在结冰堵塞,两台引擎都要失灵了。相信我,你一听到这个故事,头脑中马上就能想到那幅原理图,而且会牢记不忘。一般来说,喷气机燃料里都会有点儿水,当高空气温变低时,水就会凝结成冰,并阻塞油路。所以无论你在什么时候补充燃料,都要看一眼燃料箱上有没有燃料已加注防冻剂的标识。如果在飞行中发现这个指示灯亮了，你就要赶紧降低高度，向下飞到暖和一些的空气里。"当事关重大时，当抽象的事物被形象化时，当事情和个人息息相关时，你就会把学到的东西记得更牢。

这之后，马特的培训就发生了本质性的改变。在接下来的11天里，学员是在教室和飞行模拟器里轮流度过的。马特称这一阶段的学习是主动参与，可以产生持久记忆。因为飞行员必须在模拟飞机上使出浑身解数，证明自己掌握了标准操作流程，能够应对多种意外情况。在应对意外的同时，还要熟悉相应动作的节奏，将操作转化为肢体记忆。飞行模拟器提供的是检索式练习，这种练习安排了时间间隔，有穿插的内容，而且内容是多样化的，同时它还尽可能地让飞行员体会到飞行中的心理历程。飞行模拟器把抽象的概念变成了形象的操作，而且这些操作和个人息息相关。模拟器也提供了一系列测验，帮助马特和他的讲师调整各自的判断，弄清楚哪些地方需要改进和提高。就像马特·布朗的飞行模拟训练一样，教师和培训者有时候会发现高效的学习技巧。

然而，在绝大多数领域里，人们都倾向于把这些技巧看作例外，而把"填鸭速成式"的讲座（或是类似的形式）当成正途。

（彼德 C 布朗，亨利 L 罗迪格三世，马克 A 麦克丹尼尔. 认知天性：让学习轻而易举的心理学规律 [M]. 邓峰，译. 北京：中信出版社，2018.）

总结起来，以考促训对于传统学习设计思路的颠覆主要在于以下几点。

◇ 从考试和测验出发，想清楚了如何检核学员，也就知道了该教什么和怎么教，因为考试针对学习目标和结果，更有利于促成翻转式学习设计。

◇ 有些内容不好教，考试往往可以成为一个有力的撬棍，通过为学员创造统一评价和反馈的平台，激发学员的主观能动性，改善单纯依赖学习设计师和老师来提供内容，甚至组织学习的"等""靠""要"的被动局面。

◇ 日常学习中考试起到查漏补缺并且激发大脑主动检索的作用，虽然感觉费力，但是有助于取得更好的学习效果。一味追求轻松省力的学习方式，例如用荧光笔做阅读标注、画七彩脑图很可能只是自我麻醉。

设计与落实以考促训

考试和测试在中国一般多用于政府公务员的招录和甄选，以及跨国企业舶来的人才测评，然而这些测试的方式多着眼于人才的区分和选拔，跟华为以考促训、以考促学的理念和应用场景有较大的差别。所以，华为参照国外的测试和考题开发方法，结合训战实践，进行了改良，大体的设计流程如图8-3所示。

这个流程参照了华大内部大家熟悉的训战学习项目设计五步法。

（1）**期望的行为改变**。为什么要引入考试？是否有明确可靠的业务或人才培养诉求作为支撑？如何避免为考试而考试？考试是作为一个单独的学习项目还是作为培训课程的支撑？考试的结果拿来如何应用，是要做标准化评价还是只作为反思对照的结果？

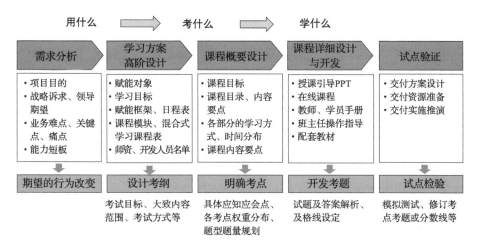

图 8-3 以考促训设计流程

（2）**设计考纲**。在需求清晰的基础上，确定考试目标，如"通过实操认证，确保每一个标杆门店的金种子能够100%掌握12个实操要点的演示动作"。另外，还要确定考试的内容范围，哪些有标准化赋能覆盖，哪些依靠自学。最后就是确定考试方式。

（3）**明确考点**。细化具体的应知应会考点，包括各考点权重分布、题型和题量规划，这样就确定了考试的概要。

（4）**开发考题**。具体开发考试题及答案解析时，如果是标准化纸笔测验，要做知识点分析和目标梳理；如果是主观问答阐述题，要做专家隐性经验萃取，提供评分的思路和决策要点核查清单；如果是实操题，要跟业务或技术专家协作，萃取整理，提供行为核查清单。最后，还要设定达标和及格线。

（5）**试点检验**。因为考试多少带有比较和评定的意味，大家尤其看重考试成绩，所以这一步至关重要。要抽样进行模拟测试，在此结果上，修订考点、考题和分数线等。

如上所述，考试可分为考查知识要点的纸笔测验、考查实操动作要领的实操模拟题、考查内隐智慧技能的主观问答阐述题。主观问答阐述题的加工过程都隐藏在学员的大脑里，通过外在的行为动作无法观察，例如心算、问题分析、创意的构思、决策等，这时候只有给予情景或案例刺激，通过考查其思路和决策要点来推断其思维过程和信息处理的质量。关于什么时候该选择哪种方式，可以参考 Harold D. Stolovitch 的测试类型辅助决策工具（见图 8-4）进行判断。

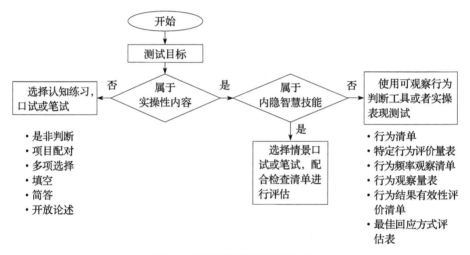

图 8-4　测试类型辅助决策工具

以考促训的延展：以赛促训和以战代训

考试的形式可以丰富多样，并不局限于纸笔测试、上机考试或者是论文答辩这几种，只要是能够在一定程度上开展评价，并且能够在不同个体或群体之间进行衡量比较的学习活动都可以将其改造成考试。表现形式很多时候是比赛拉练或者业务大比武。

案例1：标杆门店智慧屏贴柜认证

2019年9月，华为正式推出智慧大屏，进军家庭智能娱乐影音终端。作为华为终端迄今为止推出的最另类、最重要的产品类别，急需对门店进行智慧屏的体验式销售赋能。

华为陕西代表处没有选择常规的"上课＋笔试"，而是首先对门店金种子进行集中赋能，本地化开发了"TV行业基础补充知识""智慧屏销售技巧""智慧屏竞品对比"三门针对性课程，结合实操演练确保人人知识过关。

重点是对全省36家标杆门店进行门店实战认证。认证围绕智慧屏三大核心场景12个实操要点，例如高清视频通话的介绍和演示、AI健身功能的演示、AI儿童模式、一碰投屏等。所有实操要点评分均配备勾勾表辅助评估，对每个人都进行全卖点检核，不会演示的现场先观看别人演示，然后上手操作。演示不正确的现场纠正，确保演示动作正确。人人闭环智慧屏实操演示，如图8-5所示。

实操强化
考核现场所有人智慧屏三大场景的12大实操要点，对每个人都进行全卖点检核，不会演示的现场先观看别人演示，然后上手操作。演示不正确的现场纠正，确保演示动作正确。人人闭环智慧屏实操演示。

图8-5　人人闭环智慧屏实操演示

认证通过后，回到门店带动门店全员进行每日实操打卡（见图8-6）和智慧屏华为学堂在岗实践，每日上传短视频，由培训部会同业务专家远程给予点评。

图8-6 智慧屏全员每日实操打卡

通过这种方式，训练检用融为一体，带动陕西全省门店迅速掌握了智慧屏的销售要点，并促进了智慧屏上市后迅速打开局面，站稳脚跟。

案例2：灌输式产品培训变身实战场景战队对抗

某电子消费品公司的产品培训师以往的新品培训都是连续1~2天的新品知识宣讲轰炸，然后是书面考试加上产品功能和配置的面对面抽测背诵，整个过程像小学生抽背课文和期末考试似的，搞得培训部和学员每次都精疲力竭、苦不堪言。然而，实战效果并不好，学员真正遇到产品问题还是要上官网或者通过官方客服做大量的补习。

经过我们重新设计后，课程时间没有变化，但学员却学得更加积极主动，被动的灌输和应试变成了难忘的学习体验，转化和运用也收到了更加良好的反馈。流程大致如下。

（1）**领取资料**。新品集训报到第一天，每人领到一个课程资料包。资料包做了脱敏处理，学员签署保密协议。

（2）**动员自学**。把所有学员召集起来开一个简短的沟通会，将其分成若干战队。学员被告知第一天主要是自学，现场设置答疑。从第二天开始是为期一整天的检核比武，比武的考查形式和考查要点均被详细告知。

（3）**现场评测**。第二天，酒店会议室被布置成四个角落，各个战队依次接受检验。例如，其中一个角落是"知识问答"，会有研发部和一线业务专家联合编制的消费者常见问题，供学员依次模拟回答，旁边有评委计分；另一个角落是"功能演示"，提供了必要的道具和场景，要求学员面向消费者的常见体验式销售推介环节，亲自展示产品的特色功能等。

（4）**复盘总结**。提供整个过程中各个战队的得分情况和优劣势评价意见，请大家各自对照开展研讨，要求各战队分享自己的学习和实战经验与心得体会，并制订回到各自区域后的行动计划。

案例3：云业务渠道技能大比武

从2013年以来，华为企业和云业务长期资助一个传统保留节目——举办合作伙伴技能大比武，这本身就是一件很"奇怪"

的事。因为除华为外，其他IT厂商在十几年时间里面向渠道只举行过一次比武竞赛，而且是以半官方名义举办的，仅涉及技术范畴。

华为合作伙伴技能大比武，名为"技能比武"，实际上并不是技术大比武，华为希望合作伙伴能"全身心"地理解其业务。授之以渔，还要配齐鱼饵、鱼篓，还要传授经验。

2015年，华为合作伙伴技能大比武正在从单项"锦标赛"，发展成全方位竞技的"奥运会"。售前竞赛单元包括数通、IT、视讯三大比赛项目；售后竞赛单元除包括数通、IT、视讯三项外，还新增了服务销售、项目管理。此外，首次设立商务财经单元，提升合作伙伴商务运作能力。也就是说，本次比赛在不同组别、不同比赛项目中将会产生9位"状元"。

以售前竞赛单元为例，合作伙伴售前人员将聚焦数通、IT、视讯三大主力产品，围绕配置报价及案例宣讲能力，共分3个专场在全国同步开展比武。其中配置报价部分是通过在线考试平台开展。在规定时间内，合作伙伴售前参赛选手登录考试平台答题提交即可。案例答辩环节则是由参赛选手对评委宣讲自己的案例并进行答辩，评委当场评分。最终，对每个参赛选手两大环节的成绩进行加和排序，单产品前20名将晋级决赛。

来自某代理商的边震岗报名参加了售前IT竞赛项目。在初赛的在线考试中，他以出色的表现顺利晋级复赛，又在复赛过程中以出彩的现场发挥赢得评委的认可。据边震岗介绍，共有157人闯入本次大比武的决赛，而售前IT竞赛中他面对20位同行的挑战。最终的决赛以案例宣讲形式进行，不仅要体现个人专业技术能力，还需要考量对宣讲项目的整体理解、对客户需求的分析、满足客户所需的解决方案，并总结宣讲案例的优势和特点，非常富有挑战性。

在决赛阶段，边震岗选择了宁波市电子政务云项目作为宣讲案例。根据多年的工作经验以及对政务云的独到理解，边震岗向评委们分享了整个项目的具体情况，并根据自身的理解对宣讲案例进行了分析和总结。对于边震岗的出色表现，评委们给予了一致好评，表示他的案例宣讲思路清晰、宣讲到位，不仅对项目理解非常深刻，而且能够更好地把握用户需求并提供完善的解决方案。最终，他获得售前单元组冠军。

2015年，华为共投入上亿元牵引合作伙伴提升能力，加大合作伙伴售前、售后、商务人员赋能，开展合作伙伴的精英培育支持计划，鼓励合作伙伴培养优秀人才。通过全国范围的技能比武活动，华为对合作伙伴的技能水平进行摸底与评估，检验合作伙伴赋能活动质量，嘉奖有技术实力的合作伙伴精英，全面提升合作伙伴业务技能和作战能力，同时也大大提升了渠道合作伙伴的黏性和忠诚度。

以考促训的形式包括但不限于以下几种类型，上面我们看到的渠道技能大比武就融合了其中多种类型，形成一个样式多变、仪式感十足的比赛。

（1）**笔试**。大家比较熟悉，不用多说，但它是实战的低级形式。

（2）**现场竞答**。比照常规笔试，现场竞答会增加更多的竞技感和趣味性，不同娱乐节目也提供了很多比拼的原型。

（3）**答辩评审**。这种形式源于学位论文评审。对于比较难以量化的思维密集型工作，答辩是相对容易操作的比赛形式，挑战在于评分点和评分机制的设计。由于答辩具有封闭性，其他学员可能难以参与，使得其广泛性受到限制。

（4）**模拟演讲或演示**。各类通关模拟演练通常采用这种方式，对于案例和模拟演练的设计要求较高。

（5）**团队模拟**。诸如各类商业模拟挑战赛和沙盘，它们要求各学员进行协作，因此必须采用团队模拟，但同时注意避免有人滥竽充数。

（6）**现场实战**。如果条件允许，这是一种最理想的方式，实际的场景和实际的问题以及顾客，会带来最为逼真的学习和演练输入。如之前所说，这种方式的挑战在于不是每个岗位都很容易开展全真实战。

总结一下，考试作为一种古老而又源远流长的学习和学习评价方式，只要能打开思路，更好地对接实战业务场景和任务学习目标，完全可以老树开新花，起到充分激发学员自学能力、调动其学习积极性、颠覆传统学习设计和转化的神奇功效。近年来的认知心理学研究也揭示了考试的积极作用。本章谈到的考试锤炼和比赛拉练，跟上一章谈到的实战演练、项目历练一起，成为华为训战加速学习转化和人才培养的四大利器，而华为官方对考试的要求除了以考促训外，还有四个字——"从难从严"。如果你有机会走进华大松山湖校区，你会被前台背景墙上几个苍劲有力的金属大字吸引："从难，从严，从实战出发，以考促训；铸剑，铸心，铸英雄团队，以行践言"（见图8-7）。

图 8-7　华大松山湖校区前台背景墙

第 9 章

出鞘：华为训战的精神锻造

> 所有战略预备队都要有精气神，保持组织必胜的信心。你们看，变革战略预备队唱歌、起队名……看上去很幼稚，但只要坚持这种精神不断优化，总会找到一条路，这就是"精气神"。士气、斗志就是一层膜，当爆开以后，可能就进入另一种状态了。
>
> ——任正非

刚到华大上班的时候，有一天，我正在行军床上午休，戴着眼罩，隐隐约约地听到楼下传来声嘶力竭的呐喊声。我迷迷糊糊地从床上爬起来凑近窗台一看，原来是集训的新员工在进行拔河比赛。过一会儿，一方赢得了拔河比赛，队员和他们的啦啦队兴奋地拥抱在一起。那种喜悦和激动似乎透过窗子传导到身在四楼的我们。我转身问身边的同事："这种拔河比赛维持的兴奋度能持续多久？""应该能维持个一两天吧，时间长了就不好说了。"

我心想，这种走走形式的东西，顶多也就维持个一两天，估计过了今晚学员就不记得自己还参加过这次拔河比赛了。时间过得很快，一天临下班时收到华大通知，晚上在报告厅组织集体观看电影《上甘岭》。正好当天晚上没什么事，于是我果断报名。这个片子上次看我还在上小学，那时我最爱看的是《地道战》《地雷战》，其次才是《英雄儿女》和《上甘岭》这些。《上甘岭》让我印象最深的是郭兰英唱的"一条大河，波浪宽，风吹稻花香两岸……"。

我之所以报名观看，一半为了怀旧，一半是对老华为人如何看电影的好奇。当我走进报告厅时，电影已经开演了，现场鸦雀无声。郭兰英的歌声响起时，我竟不由自主地跟着哼唱起来，四下左右打量了一番，发现不少同事的眼眶都泛起了泪光。坑道里已经缺水多日，为了帮助战士们养精蓄锐等待总攻和突围，张连长命令战士们咽下干涩难啃的压缩饼干，可是战士们的嗓子早已干得火烧火燎，压根就吞不下去。于是连长带头把压缩饼干一块块硬生生地吞下去。大家都端起手机拍下了这感人的一幕。那种朴实的感动和情愫回荡在报告厅里，萦绕在每一个人心头，久久挥之不去。尤其是当我们联想起公司里到处悬挂的那张破洞飞机海报（见图9-1）时，更是感慨良多、思绪万千。从这一天开始，我似乎理解了拿破仑的那句名言："世界上只有两种力量，就是利剑和精神。从长远看，精神总能征服利剑。"

图 9-1　伤痕累累的伊尔 2 飞机海报

精神锻造不是走形式

不知道你走路时有没有留意到，一些诸如餐饮、美容美发、房产销售这样的行业门店，通常每天早上开门营业后做的第一件事不是迎宾，而是做操。主管会带着门店员工穿着制服齐刷刷站在店门口喊口号、做早操、跳舞。不久前，一部孙俪主演的热播电视剧《安家》，把房产中介的工作和生活呈现在了荧幕上。其中有这么一幕，一大早房店长看到徐姑姑弹着尤克里里带队唱歌，劈头盖脸一顿骂："唱歌能唱出业绩吗？都给我出去跑客户。"那么，唱歌、做操、喊口号这些动作只是走走形式吗？为什么他们每天早上都要跳这种看似无用又尴尬的集体操呢？

如果在外企工作过，你就会知道，每次年会外国同事会冲上舞台，集体唱跳一首神曲 *YMCA*。我们刚开始会不太习惯，那些夸张的动作，那个用身体把 Y-M-C-A 四个英文字母比划出来的样子，让我们这些内敛含蓄的中国人觉得有点过火。可是听的次数多了，自己每次听到也会跟着哼唱，而且身体也会在会场热烈气氛的带动下不由自主地动起来。再往后，我不禁纳闷，这个不断重复的 Y-M-C-A 到底是什么意思，一查便开了眼界。原来这首歌是基督教青年会的会歌。基督教青年会（Young Men's Christian Association），简称 Y.M.C.A.，1844 年 6 月 6 日由英国商人乔治·威廉创立于英国伦敦，致力于通过坚定信仰和推动社会服务活动来改善青年人的精神生活和社会文化环境，现已蓬勃发展于世界各地，在约 110 个国家有青年会组织，总部设在瑞士日内瓦。很多外国人在人生各个不同阶段都做过基督教青年会的义工或参加过相关公益活动，贡献过力量，自然也就对这首会歌耳熟能详。我们听到的仅是一首韵律感十足的"神曲"，而那些外国人感受到的却是基督教青年会所倡导的健康向上、积极拼搏的精神，他们正是借助歌声和身体的舞动传播自己所认同的正能量。

华为也有自己的司歌《中国男儿》，然而，在华为见得更多的是集体宣誓。2007 年 9 月 29 日下午，华为举行了首次集体宣誓大会——"华为公司 EMT⊖自律宣言宣誓大会"，当届 EMT 轮值主席郭平首先做了题为《决不让堡垒从内部攻破》的报告。他指出：创业容易守业难，堡垒最容易从内部攻破，我们要时刻保持清醒，强化干部自我监管和组织监管机制的建设，保持干部队伍的廉洁和奋斗，只有这样，公司才有可能长久活下去。

让外界印象更深的是 2015 年 9 月 7 日的战略预备队集体宣誓，14 支战略预备队一一上台亮相，宣读铿锵誓词。不少网友在看了这段视频后都惊呼"超级振奋""很受鼓舞"。以下是其中四个预备队的誓词。

⊖ 华为的经营管理团队，英文全称为 executive management team。

解决方案重装旅：精兵壮，炮火强，重装出击打胜仗！

项目管理资源池：训战结合练精兵，集成协同促经营，打赢班长战争！

变革战略预备队：一道堰，一艘舰，共筑百年老店！

华大：铸精神，荟真知，训战结合育英才！

其实，公司内外，一直有人质疑华为集体宣誓的做法，认为是形式主义。

不得不说，在某些情况或某种情景下，形式重于内容，如宗教对仪式、典礼与遵守规则的重视。在教徒的心目中，诵经、祷告、宗教仪式比所有的世俗工作都重要，这是他们与神的约定。石墨与金刚石的区别不在于其内容——它们都是由碳元素构成的，而在于其结构，结构决定了它们物理性质的差异。

管理分为手艺、实践与艺术。作为最高层次的艺术，管理艺术更关注形式。如果连形式都不重视，内容也就得不到重视。华为的集体宣誓确实是一种形式，但不是形式主义。形式有助于强化和升华内容，让内容得到充分展现。华为的集体宣誓是以一种仪式化的形式，展现华为高层管理者的内心期望。

近年的科学研究逐渐揭示了这些形式的另一层意义和价值，这个现象背后的生物学解释可以归结于镜像神经元理论[一]。

简单举几个例子。

◇ 当你看到有人在打哈欠，你是不是也会跟着打哈欠？

◇ 当你看到别人脸上的笑容时，你是不是也想笑？

[一] 摘自微信公众号"树懒的查令十字街"《房产销售里的镜像神经元理论》一文。

这些都是因为大脑中的镜像神经元被某些特定的动作或者画面激活了。人们看到的场景越熟悉，镜像神经元就越活跃，而平常它处于休眠状态。镜像神经元有什么用呢？它让我们拥有了理解能力、共情能力和语言能力，还能协助治疗社交障碍。

在国际镜像神经元研究领域，意大利科学家贾科莫·里佐拉蒂是开山鼻祖。里佐拉蒂认为，镜像神经元理论的核心在于感知、认知和行为。

镜像神经元主要有以下几个功能。

（1）无意识的模仿。当你和朋友聊天时，她突然拿起杯子喝了一口水，你也会下意识地端起水杯。

（2）传染情绪。当你的朋友遇上烦心事闷闷不乐时，你也会跟着情绪低落。

（3）容易被他人影响。原本喊着要省钱的你陪着朋友逛街又开始乱买东西，明明是别人的欲望，却在你身上起作用，这也是镜像神经元在起作用。

同样的道理，你跟自律的人多接触，也能够帮助你建立更强的自控能力；跟自信的人多靠近，也能帮助你获得无畏的勇气。是不是有点像我们一直所说的"近朱者赤，近墨者黑"？

所以，唱歌能唱出业绩吗？在某种程度上，至少为团体拼出更好的业绩做好了铺垫和准备。况且心情不好的时候，唱唱歌也是挺开心的，可以愉快地开始每一天的工作。就像华为轮值 CEO 徐直军在《华为大学要成为公司能力提升的使能器》的讲话中所说："带着大家跑跑步，唱唱歌，我觉得挺好，这种受训过程还是很有价值的，大家经过一两周华大的精气神训练，能够抬头挺胸走出来也很好。"

精神锻造的内核是三感营造

精神锻造通常都会借助一些形式，而这些形式的背后是三种感觉的营造，即仪式感、荣誉感和归属感，如图 9-2 所示。

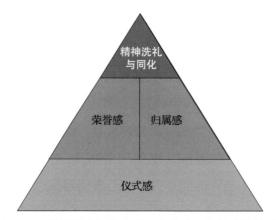

图 9-2　精神锻造与仪式感、荣誉感、归属感的关系

我们现在经常挂在嘴边的一句话是"××需要仪式感"。例如"生活需要仪式感""阅读需要仪式感"，等等。《工作需要仪式感》一书中将仪式感定义为"一个人或一个集体遵照某种类似的模式或程序重复进行的动作。在进行仪式的过程中会使用一些象征符号，并为这个仪式赋予某种含义"。

仪式具有目的性。与日常习惯不同，仪式不是无意识进行的。在进行仪式的过程中，人们能够意识到正在发生的一切具有特殊的含义，并且能意识到自己正在融入仪式。比如上班前唱歌、做操和集体宣誓，身处其中的人们完全清楚自己在做什么，而且也能体会到这种仪式具有的特殊含义，然而，沉浸其中会让大家不由自主地融合进去，进入一种微醺的状态。

对于要做出深刻改变的人和组织来说，仪式似乎是一种"软"策略，因为它不是一种直接施加的手段，而是采取了较为迂回的逻辑。但是，仪式可以让抽象的组织身份认同、目标感和原则变得具象化。在建立共同的目标感、意义感和情感联结层面，仪式可以带来无形的价值。

《工作需要仪式感》一书中提到的胸章礼的例子，很好地诠释了仪式感的意义。

"胸章礼"仪式是斯坦福大学设计学院设计的一种结束典礼。对一个总是有无数工作和任务需要完成的班级来说，这个仪式能够让大家清晰地意识到，过去每天的匆匆忙忙已经在这个时间点画上了句号，并且给大家留下了一个特殊、难忘的时刻。

这个仪式能够让人们意识到，这个班级的成员即将各奔东西，大家应该停下匆忙的脚步，珍惜最后在一起的时光。

这个仪式也能教会参与者保持自信心和包容心。许多来上课的学生都是想沉下心来好好学习的。他们认为自己是一个初学者，设计能力不强。"胸章礼"仪式则给了他们信心，让他们知道，自己了解设计，也做过设计工作，他们是设计学院大家庭的一分子。

在设计学院，每个班在最后一个学期都会举行"胸章礼"仪式。一旦学生学完了课程并通过了考试，就会举行这个仪式，就像举行一场小型的毕业典礼一样。

◇ 导师们需要手持一个特殊的红色天鹅绒盒子和一套台词脚本，仪式组织者需要让全班同学围成一圈，不需要告诉他们这是在干什么。

◇ 导师们需要把红色天鹅绒盒子的盖子打开，绕着学生走一圈。红色盒子里有五种不同的胸章，代表设计学院的五种标识。这些标识没有特定的含义，但是学生可以猜测并说出每个标识的含义，以及这些标识对自己来说具有什么意义。

◇ 每个学生从中挑选一枚胸章，接下来就要举行仪式了。

◇ 围成圈的所有学生两两配对，互相为对方别上胸章。

◇ 在戴胸章的过程中，导师们拿出写好的台词脚本，宣布大家正式毕业，成为设计圈的一分子。

显然，"胸章礼"的仪式可以应用到其他纪念"事情即将结束"或者任务顺利完成的场景。把胸章作为整个仪式的核心非常明智，部分原因在于胸章非常精致小巧。对方需要慢慢地、刻意地与你面对面才能把胸章别在你的衣服上。别胸章这一行为让这一时刻显得更加重要。

与既可以个人独享又可以集体领会的仪式感不同，荣誉感更加依赖于在一个社会群体中获得卓越的评价和认可。一般而言，荣誉感的获得，主要靠激励，华为效仿美军制定了丰富多样的多元化激励措施，如金牌个人、金牌团队、蓝血十杰、天道酬勤、从零起飞、明日之星等。在训战中，则通过比拼、比赛等方式制造优胜者，强化获胜者的自信心和荣誉感，这就是为什么拔河、跑步、体能训练等带有竞技性质的体育项目在华为训战中屡见不鲜。

克劳塞维茨说过："在一切高尚的感情中，荣誉感是人的最高尚的感情之一，是战争中使军队获得灵魂的真正生命力。"除了在工作上靠积极的业绩表现赢得荣誉外，训战中，同样可以创造机会去激发和维护学员的荣誉感。

有了仪式感和荣誉感，群体的归属感和认同感如何在训战中培养呢？

万维钢在他的"精英日课"第一季中，提到的《科学美国人》杂志上的一篇文章提供了启示。这篇文章中提到，一项研究证实，"同步＋努力"，合在一起就有利于加强集体认同感。

研究者让高中生三人一组在快节奏的音乐中跳舞，结果发现：那些能跟同组的人步调一致的人，不论他们跳得是否用力，都提升了集体认同感。那些跳得特别努力的人，不论他们是否做到了步调一致，也都提升了集体认同感。

而研究者认为这其实是同一种荷尔蒙——内啡肽的作用。剧烈的体力运动可以让我们分泌内啡肽，而内啡肽能带来愉悦感，这就是健身之后人们会感到快乐的原因。有研究者认为协调一致的动作也能促进内啡肽分泌，但这一点还没有被完全证实。

总而言之，如果你想加强一群人的集体认同感，最好的办法也许不是让领导在大会上做动员讲话，而是让这帮人去跳广场舞、跳街舞或者一起踢正步！如果你让两个组搞比赛或者对抗，这种认同感还能被大大加强。

这也就解释了为什么现在早已经进入智能兵器时代，冷兵器时代形成的踢正步、队列练习等仍然保留在新兵必备训练科目里，因为齐步走这个动作虽然对打仗一点儿用都没有，但通过大家一起这么做，一方面可以培养新兵服从命令的习惯，另一方面也能通过协调一致的步伐加强集体认同感。

所以，在培训和训练中，如果要锻造精神和意志，就要借助精心设计的仪式，让大家同步一起做一些有意义和挑战的事情；如果还能制造一些比赛和对抗，让大家感觉最后的结果来之不易，就更为理想了。在这个过程中，借助仪式感和群体归属感，最终让大家更深刻地领会和认同了组织的价值观，最终激发了荣誉感。

华为训战中精神锻造的做法

理解了上面的原理，再来看华为训战中精神锻造的做法，就会看得更加透彻明白。不同于有些企业喜欢直接就价值理念和导向进行宣传贯彻的做法，华为的训战不会直接针对精气神，而是营造场合和仪式，在学员半知半觉的过程中顺带把这事给做了。

以下我们挑选三个典型场景分享一下华为的做法。

高研班中的精神锻造

9天、三个阶段，自掏万元学费、请事假、停薪、高强度体力加脑力劳动、日常工作晚上做……这么"变态"的内部培训是什么魔鬼训练营？这就是华为的独创——高级管理研讨班，简称高研班。

华大的高研班是华为所有中高级管理者必须参加的研讨课程。每年每月，一批批的管理者全身心投入高研班。是什么，吸引了他们参加如此昂贵、高强度的培训？

一起来感受一下心声社区披露的高研班的起步环节——松山湖的一天。

随着华大选址松山湖北侧 298 000m² 的一线亲水宝地，高研班开班的必备环节——组建团队、磨炼意志的 15km 徒步活动也随之移师松山湖。

8km² 水面的松山湖，42km 湖滨步道，蜿蜒曲折，路边荔枝、龙眼果园成片，间或分布翠绿的草坪、五色花丛、桃树、柳树，空气格外清新。徒步任务从入口停车场开始，沿湖滨路行走 15km 左右，最终到达华大新址隔壁的目的地松山湖大学城。

因为参加的学员日常工作繁忙，不经常参加大运动量的锻炼，这 15km 的徒步行走对少数华为"老人"还是非常有挑战的。从早上 9:00 开始，一般要 4～5 小时全部学员才能完成。尽管如此，学员们依然兴致勃勃，不管风吹雨打，还是烈日炎炎，全部坚持参加。

徒步完成，全体一起午餐后，在华大新址的土地上，还要继续进行团队拓展活动"风雨人生路"——全队成员除第一个人外全部蒙上眼睛，在第一个人的带领下，手拉手穿越丛林、土坎、独木桥以及一些人为高难度障碍。全队必须彼此协作、相互信任才能全部安全到达。

漫长的徒步穿越、在黑暗中摸索前进和跨越障碍，传递的不仅仅是团结互助、互相信任，更是一种坚持、一种精气神。高研班在烟波浩渺的松山湖畔，在曲折却美丽如画的道路上开始了探寻之旅。

这些体能磨炼和体验活动结束，高研班学员才进入华大的教室，进入学习的重点阶段：研讨公司核心管理理念及管理方法，传承公司管理哲学和公司文化。

新员工集训里的精神锻造

华为新员工入职培训分为"三个阶段"，从入职前的引导培训，到入职时的集中培训，最终到在岗实践培训。这里着重谈谈入职集中引导培训环节精神锻造的做法。

华为新员工集中入职引导培训从官方得到的唯一要求是：植入文化基因。换通俗的话说就是把员工刷成一个颜色。这个阶段主要围绕学习华为的企业文化来展开，包括规章制度的设立等，周期是 5~7 天，而且新员工全部要到华大参加培训。

新员工清晨要拉练跑步，白天上课，中午拔河，下午插入团队拓展训练，晚上开辩论会，还要演节目、写论文等。培训内容比较聚焦，因为主要学习企业文化，新员工要能讲清楚为什么公司会出台相应的政策和制度，它反映出的文化、价值观是什么。

华为的新员工在此阶段还要做几件事，俗称 2-1-3，如图 9-3 所示。

图 9-3　新员工入职培训精神锻造 2-1-3 精选内容

一是要学习两篇文章。第一篇是华为总裁任正非的《致新员工的一封信》，他把华为的文化和对新员工的要求全部融入其中；另一篇是任正非推荐的《把信送给加西亚》，讲述了一名士兵信守承诺，穿过重重障碍将信按时送达加西亚将军的故事。

二是看一部电影。例如曾经沿用了很久的《那山那人那狗》，讲述的是一个老乡村邮递员退休后让儿子第一天接替自己工作引出来的故事。影片倡导的敬业精神，正是华为追求的价值观，故事非常感人，很多新员工看得眼泪直流。可见，华为对通信的感情之深，也可以看出任正非当时挑选这部影片的良苦用心。随着形势的变化，后来观影的主题不断更新和调整，2019 年期间播放比较多的影片是《上甘岭》。

三是要看三本书：《黄沙百战穿金甲》《下一个倒下的会不会是华为》和《枪林弹雨中成长》，并写读后感。

此外，华为新员工培训除了很重视开营和过程中的精气神打造外，还非常重视结班当天的仪式感。在折腾了大家一个星期，让大家有了对华为企业文化的切身认识后，华大会在结班当天安排公司高管进行一次座谈，同时安排折纸飞机放飞、人体造型、走秀等活动庆祝结业。

以下内容摘自一篇华为新员工培训心得，从中可以看出跑操和拔河等体能锻炼对员工精神面貌和心态塑造起到的作用。

华为新员工培训心得总结摘录

我来自石家庄办事处，因为在二十期的学员中有很多我们办事处的同事，所以刚刚到这里就听到他们给我描述的这里的文化培训生活，"紧张，累，但很充实"是最简单的概括。有个同事说他在第一天的跑操中吐了。听到这些，我的心中有一丝不安，虽然我自己在中学的时候长跑的成绩是很好的，可是自从上了大学以后锻炼就很少，真的不知道自己第一天能不能坚持下来。但是要来的终究要来，我只有勇敢面对而不能退缩。

7 月 4 日，伴随着刺耳的闹铃声，我从睡梦中惊醒。早上 5 点我和同宿舍的同事都起来洗漱。说来惭愧，我已经不记得上次早上 5 点钟起床是什么时候的事了。因为怕迟到，所以我们把时间留得很充裕。收拾完，我们兴冲冲地跑到集合地点，本来以为我们是最早到的，可是到了以后才发现那里已经有了很多同学。我的心中一颤，看来激烈的竞争已经开始了。现在已经记不太清楚自己是怎么熬过那第一天早操的，只记得跑完后大腿疼了整整一天。当时真的有点不理解，公司的文化培训为什么非要让我们经受早操的折磨呢？现在想来公司对我们新员工这样的要求是有良苦用心的。第一，我们只有拥有健康的身体才能更好地工作，身体垮了，就什么都没有了，所以锻炼身体是最为重要的前提。第二，公司的企业文化中有艰苦奋斗这一项，试问如果我们连跑操这样的小事情都不能坚持，那么又怎么可能战胜以后工作中那接踵而来的困难呢？我们又怎么能有永不言败、永不放弃的精神呢？如果连跑操都不能完成的话，那我们在没有进行培训之前就应该已经被淘汰了。

经过这一个星期，我已经适应了这里的生活。这里的生活是很有规律的，教官和老师虽然对我们很严厉，对我们的要求极为严格，但我却能看出他们对我们这些新员工的深切关怀和殷切期望。文化培训分为课堂授课、课外活动和晚上的影片教学。课程的安排是相当合理的，培训的三个部分也是紧密联系在一起的，这使我对公司的企业文化有了很深刻的理解。

在拔河比赛中团结合作、集体奋斗

作为拔河比赛的主力选手，我亲身体验了那激动的时刻。随着教官的一声哨响，两队的选手都拼了命地往自己这边拉绳子，我本来以为可以很轻松地结束战斗，可是当比赛一开始的时候我就发现自己错了。绳子把我的手几乎勒破。我这时已经听不到身边队友的加油声，心中只有一个念头那就是绝对不能输。可是在僵持了几分钟后，我们的队伍用力好像有点分散，队员们并没有站在一条直线上而是开始摇摆起来，脚下也站得不是很稳，绳子一点点向对方移去。大家显得很着急，可是我们并没有找到很好的解决方法，没有能够站稳脚跟。最后还是输了。走下赛场，我的双臂已经麻木了，虽然身边的队友仍在为我们的努力而鼓掌，可是我的心里有说不出的难过。我冷静下来仔细想了想，尽管大家都尽了自己最大的努力，但是还是失败了，为什么？原因就在于我们没有很好地领会团队合作的精髓。

我们没有掌握拔河的技巧，在僵持的最关键时刻我们的队伍摇摆起来，这势必会分散我们的力量。虽然我们心里都想着往一处用力，但是实际上我们的力量却是分散的。我们每一个人的力量虽然大，但是却没有凝聚起来，大家忽视了我们是一个团体。大家都在单兵作战，自己往自己认为正确的方向拉，这怎么能不失败呢？想通了这些我感到一丝欣慰，因为我从拔河比赛的失败中，体会到了团结一致、集体合作的精髓，真正对公司文化有了切身的体会与理解，而不再像以前仅停留在简单的文字概念上。我想公司为我们安排这个比赛的真正目的达到了。

（摘自网络《华为员工培训心得五篇》）

总之，对于新员工培训的精神锻造，需要注意以下几点。

◇ 高层重视且参与，与员工坦诚交流。
◇ 紧密联系企业文化要求或者管理要求进行设计，重在氛围营造。
◇ 让员工体会到公司的优势、关爱与严格要求，产生荣誉感。
◇ 新员工培训是面试考核的延伸，应设置淘汰机制。

战略预备队集训里的精神锻造

战略预备队承担为公司战略场景业务和重要业务转型培养人才和循环赋能的重任，公司为此专门指示华大，在训战中"通过一系列教学活动的设计和实施，在学员于华大学习的全过程中强化对学员的精神文明建设、塑造学员的精神气质和信念意志、传递公司战略及在公司管理方面的导向和要求，以推动学员加快能力转型和行为转变"。

下面围绕一个战略预备队学员在华大的精神文明建设之旅（见图9-4），谈谈上面涉及不多的精神锻造要点。

图9-4 一个战略预备队学员在华大的精神文明建设之旅

1. 强化体能训练磨炼意志

开营时就会跟大家公布体能训练的标准，很多预备队还会要求其间称重，一共五个项目。以30岁以上的男性的标准为例：

3公里跑：15分17秒跑完满分

跳绳：2分钟完成240个满分

平板撑：坚持5分30秒满分

俯卧撑：1分钟完成65个满分

蹲起：1分钟完成63个满分

$$成绩 = 训练成绩 \times 40\% + 军容风纪 \times 60\%$$

其中，训练成绩是标准三项（蹲起、俯卧撑、3公里跑）的绝对成绩＋相对进步。即使你达不到你对应年龄段的参考标准，也可以从自己的进步中获得分数。

军训这块其实关键还是培养学员令行禁止的纪律性和自律性。只要不违反红线（比如不诚信，违纪三次，请假超过 4 学时），认真训练，量力而行，都不会有问题。

2. "使命与挑战"研讨

"使命与挑战"研讨就是围绕当前公司内外部形势，结合训战主题在开班时进行主题研讨，一般题目稍偏务虚，目的是为训战集训奠定基调，让大家时刻牢记组织和团队使命，并将其与公司核心价值观与战略愿景关联起来。常见研讨题目如下。

◇ 战时状态的责任与担当
◇ 目前面临的内外部压力，如何将其转化为动力
◇ 业务变革成败的关键在哪里

3. 爬山卧雪故事会

该环节倡导以讲师的"情怀"激发学员的"情怀"。

在战略预备队云场景班的一次培训中，讲师在授课时几度哽咽，课程几乎进行不下去了。那位讲师来自市场一线，在课堂分享自己拓展市场的案例：当时面临很大的挑战，这个项目从业务到模式都是全新的，完全没有参考样例，项目组成员都是第一次做这个事情，期初几乎看不到希望，几个月下来进展缓慢。后来凭着内心那股不服输的精神扛着住前走，终于成功了。分享中讲师回忆起当时的情景，忽然情绪涌上来，哽咽着说不出话来了。

那个时刻，教室出奇的静，只能听见空调的声音，所有

同学默默地看着教室前面的讲师。讲师盯着教室的地面，眼睛湿润，握着无线话筒的手有些发抖。他努力控制着自己的情绪。过了一会儿，他擦了擦眼角的眼泪，抬起头看着面前的学员，缓慢而坚定地说："战略场景就是要突破自我的局限，完成看似不可能的事情。我们那时没有任何经验，凭着一股韧劲儿，也打拼出来了。目前有了这些摸索，总结了这些套路，公司也在加大投入，我坚信，你们一定可以做得更辉煌，咱们一定可以拿下这片市场！"班上响起热烈的掌声。接下来的课间休息中大家也神情凝重，沉浸在那份情愫之中。在后来的学习反馈中，很多学员提及那个场景给了自己力量。

培训中，邀请有情怀的讲师，并且鼓励他传递技能的同时，传递自己的情怀，能有效激发学员的内在动机，带来深刻的影响。

4. 通过合唱等仪式激发学员内在动机

在华大科室走廊或者楼下，时常能听到激昂的《中国男儿》或 *Huawei People*（《中国男儿》英文版）的歌声。每次耳边响起那乐曲，我自己都有些激动。那声音响在耳边，更回荡在心间，总在推动着自己要去做点什么。集训研讨中，课间、讨论热烈之时或者结班仪式上，来一首慷慨激昂的合唱，那场景，那激昂的歌声，将烙在学员心目中，积聚莫大的心理能量。再如华大集训结班仪式上的纸飞机放飞梦想活动，小小纸飞机，记录着自己的梦想，奋力掷向天空的同时，我心飞扬（见图9-5）。

图 9-5　纸飞机放飞梦想活动

总之,华为训战中不遗余力地对员工的精气神进行锻造和培养,培养的方式采用群体仪式的方式旁敲侧击地进行,并不会进行专门的宣传贯彻,在精神锻造过程中特别突出了体能训练和对抗,同时呼应了体验打造的峰终定律,以此给学员留下难以磨灭的印象,并激发学员的荣誉感和归属感。这一切或许正可以从华大的校训中找到线索——"健壮体魄、坚强意志、不折毅力、乐观精神、顽强学习、团结协作、积极奉献"(见图9-6),而这,正是公司对于未来将军的期望和要求。

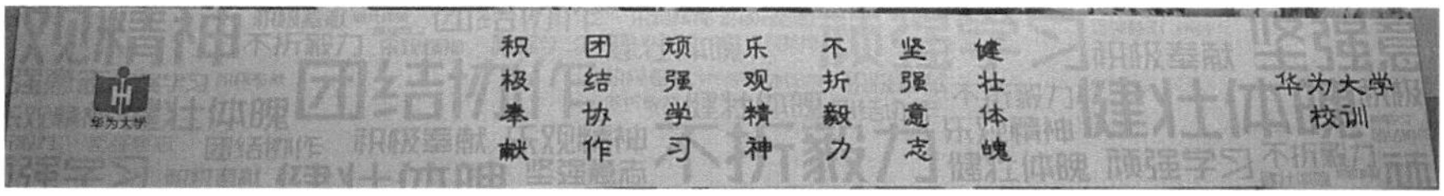

图 9-6　华大校训

第 10 章

衡量：训战项目的价值评估与显现

> 人生精华可能只有一点点，大家来 PK 的过程中，其实是浑身铆足劲来谈"价值体系"。我们需要的是"价值"，而不是价值"观"，时间长了就能摸索出规律，使我们的价值评价符合真实。
>
> ——任正非

两个导入案例

本章开始，先请大家看两个案例。

案例 1：我之前在一家外资婴幼儿奶粉公司负责全国的营销培训。这一年，我们的医务渠道发生了一些调整和变化。原来医务渠道的同事都是去新生儿科和产科拜访医生拿订单做推广，后来国家的合规政策越来越严格，所有的厂商一律不得去医院抢"第一口奶"的订单，也不能在医院做带有品牌信息的推广活动，所以各个厂商只能把原来面向医生的推广活动逐渐转移到医院外。在医院外，厂商借助商场、酒店、母婴店的场地来开办消费者教育活动，俗称"妈妈班"。"妈妈班"办得好不好，是不是能够吸引足够多的妈妈关注、参会并实现现场转化，就成为新客户获取、销量持续提升的关键。

新成立的医务推广部门对办好"妈妈班"特别重视，他们找到培训部，培训部协助他们在全国网罗了一批优秀的业务专家，去萃取他们开办"妈妈班"各个环节的成功经验，最后形成了一本业务手册和一门"如何办好'妈妈班'"的精品课程，并开始在全国轮训推广。结果全国五个大区要专家给专家，要费用给费用，反应空前热烈。最后在开班环节，一个渠道销售副总裁、五个区域总经理都亲自到场做开场讲话，并且完整观摩了第一天的课程，他们都对这个项目给予了非常高的评价。虽然业务侧付出真不少，而且这个项目其实很容易关联到最后"妈妈班"的成效，但自始至终没有一个人来培训部找过我，让我讲一下开办这个"妈妈班"，对转化率和信息达到率的提升到底有没有帮助。医务推广部门总监还颁了奖给我们，但他也没有提过这方面的诉求。

案例2：还是前面这家企业，由于受到了第1年这个"妈妈班"项目大获成功的影响，我和团队决定在第2年乘胜追击、扩大战线。我们瞄准了当时新客获取这个业务痛点，公司总经理连续两年在全国业务大会上都着力强调这个问题，因为婴幼儿配方奶粉与常规的消费品不一样，孩子吃配方奶粉是有一个年龄段的，过了这个年龄段之后他们就会转入自然食品，所以我们必须有源源不断的新客户加入，这个生意才是可持续的。

于是我们就打算响应总经理的号召，针对新客获取这个课题，总结提炼大家在这方面的一些经验，形成一本系统完整的作战手册（playbook）。按说，这次的业务课题更宏大、更有价值，公司领导层的关注度更高，所以我们信心满满，撸起袖子就开始跟各个业务部门展开密集的联动。可是我们逐渐发现事情不太对劲儿，因为新客获取涉及很多部门，除了医务推广部门，还有市场部门、CRM（客户关系管理）部门、渠道销售部门等，每个部门都觉得这个事情很重要，自己跟这个事情也有关系，但是谁也不愿意承担主要的推动责任，所以我们在与他们沟通的过程中，感觉自己像皮球一样被踢来踢去。总经理虽然很支持这个项目，但是他很忙，我们也不知道怎么找他争取有效的支持和协助。到后面我们感觉大家都不愿意动起来，我们只能靠自己把人手填进去，才将这个项目勉强推动下去。可是越到后来越觉得，各业务部门出力不多，要求却不少，都开始找我们要结果，要数据，开始关注：这个项目的产出是怎样的，回报是什么，对新客获取有什么样的影响和帮助。业务部门还需要我们拿出有力的证据去说明，所以这个项目做得很是痛苦。我们想了各种各样的办法，最后把这个项目勉强给对付了过去。

第1个项目明明很容易统计转化的数据和结果，它跟现实业务的关联也更直接和紧密，但是自始至终都没有人来找我们要过数据，最后还对这个项目给予了很高的评价。而第2个项目，说实话，它的定位比较高，跟现实业务的关联其实并不紧密，所牵涉的部门又很多，但是大家却都来找我们拿数据、要结果，要求我们证明这个项目的产出和价值。这真是一个有趣的现象，开启了我们本章要探讨的内容。

我们先来了解华为大学的绩效评价，看看可以带来什么样的启示。

华为大学的绩效评价启示

经常有小伙伴问我：庞老师，在华为，你们怎么评价一个学习项目、训战项目的价值？是不是用柯氏四级评估？我说：没有。接下来他就会问：是不是因为你们对外收费，所以收的钱越多就意味着价值越大？我说：当然也不是，虽然在我工作期间华为大学是对业务部门进行收费服务的，但是华为大学从来不会把收到的金额多少当作自己价值的直接体现，因为站在整个公司的角度，说到底都是华为自己的钱，左口袋倒右口袋而已。

那华为到底是怎么做的？真相就是，华为总体上来讲是不鼓励做学习项目效果评估的。不鼓励？很多小伙伴就很纳闷了。的确，华为的总体指导方针是"总体不鼓励，个别可尝试"，不推荐花大量时间去做后期的效果评估，为什么？因为效果评估这件事目前在全世界范围内本身就是疑难杂症，还没有特效药。如果用非常量化的手段去探究，其实很难说清楚一个学发项目对业务的提升到底起到了2%～3%，还是5%的影响和帮助。在这样的前提下，华为更看重的是使训战项目生来就带有业务基因，所以特别强调做好前端的业务需求解析、作战场景还原这些工作，这也是本书第3章和第4章所强调的内容。到后期项目做完之后，就别去纠结它对业务到底有帮助还是没有帮助，没有帮助的项目从一开始就不应该做，这是华为的一个非常简单的逻辑。

当然在实际运作过程中，华为也要想办法去评价华为大学的工作是否受到业务部门的认可。这方面的举措是有的，一般来讲华为大学的绩效评价维度如图10-1所示。

第一，随堂调查学员的满意度，这与很多企业没有本质差别，就不多说了。

图 10-1　华为大学的绩效评价维度

第二，进行三个月一线回访。训战项目结束之后三个月，对一线业务部门进行回访，回访这些学员的上级和再上级。问他们，员工回来后，精神面貌是否有变化，训战的内容有没有用上，是否对他们的工作有帮助等。

第三，开展年度一线价值测评。华为大学作为后台的支持部门，每年都会参加公司例行组织的对于后台职能部门的一线价值测评。这个一线价值测评比较有意思，是华为委托第三方市场调查公司，诸如益普索等这样的专业机构，而不是华为大学自己去做的。去问这些业务体系的人力资源负责人，以及地区部总裁，看他们怎么评价战略预备队和华为大学的训战工作，了解设计出来的这些训战项目是不是满足他们的需求，有没有真正支持到业务的开展等。

第四，调查委托方满意度。谁是委托方？那就是向华为大学付费、委托华为大学设计实施专业学发项目的业务部门的关键负责人。比如前面举的例子——全场景训战，那么大中华区零售部门的主要负责人就是这个项目的委托方。要去问他们，在与我们合作的过程中，对华为大学是否满意，对华为大学的专业感知度如何，华为大学对需求的理解和解读是否准确，华为大学的服务和跟进怎么样等。这样的调查是会做的。

第五，华为大学也有自己的 OKR，例如重点训战赋能项目的完成情况、学员及二层经理满意度、在线学习占比及平台活跃度等。

第六，向指导委员会述职。华为大学的项目组每年要围绕战略承接赋能项目落地和重点项目完成等向华为大学的建设指导委员会进行述职汇报。

华为大学的工作是通过上面几个维度来评价的。你会看到，华为大学的绩效评价具有如下几个特点，它们反映了华为在训战模式下对训战整体价值评估的一些思路。

（1）**不重量化结果重意见**。华为大学虽然不鼓励非常量化的对学习效果本身具体到金额的评估，但是过程中还是很注意去收集一线的反馈评价，把这部分当作客户满意度来衡量和跟踪。因为对项目效果的衡量和判断，最终是通过人来感知的，每个人心里都有一杆秤，数据好也不代表就一定认可，数据不好也未必就代表不认可，这是华为大学工作对应华为"以客户为中心"价值观的一个非常重要的体现。

（2）**干系人覆盖全面**。既然重视内部客户态度、意见的反馈和调查，那么谁是内部客户？华为大学内部有一句话，"华为大学最重要的客户是公司，为实现华为大学对公司的责任与价值主张，华为大学必须同时把业务委托方和其员工个体作为客户"。可以看出，华为大学的意见调查涵盖了从上到下四个层级：①学员是学习改变和绩效转化的主体，当然很重要，有覆盖；②学员上级是员工学习的督导者和受益者，对上也有很强的影响力，有覆盖；③地区部 HRBP 和领导虽然对单个项目可能并不一定了解和有感知，但对整个华为大学的内部声誉和口碑塑造很重要，也有覆盖；④委托方是负责内部给华为大学放行投资的关键人，也必须要覆盖。

（3）**力求客观细致**。其中引入了第三方调查机构，而且加入了公司整体对后台职能机构的服务调查，这样会让调查结果更加真实可信。对业务部门领导的调查则尽可能贴近他们，问题做精细的针对性设计，既避免他们不了解具体情况笼统作答，也避免调查过于空洞，不具备说服力。

结合本章导入案例和以上华为大学绩效评价的做法，我们就不难站在更高的层面去重新审视学习项目价值评估的真相，理解这些真相，对我们破除项目价值和效果评估的迷雾，大有好处。

理解项目价值评估的几个真相

基于我自己的经验，我发现对于学习和发展项目的价值评估，有以下几个值得深思的现象。

越是高层发起的项目越不看数据

我们在华为训战项目的实践中发现，越高级别的领导越不看数据，他们只在乎在项目发起阶段、需求分析阶段是否与他们对标清晰，是否反映和贯彻他们的内在意图和精神，甚至是否能将这个项目作为抓手去撬动他们预期的组织变革和业务升级（详见第3章开篇案例）。而中层管理者为了给上层交代，会希望有数据来作为价值的体现，以便汇报。所以，我们选训战项目的一个重要的参考指标是卷入的层级，层级越高，他们的要求就越高，后面就越主动。

不是每个项目都看数据，有些项目有天然组织合法性

我上课时经常问学员：是不是对于每个项目，业务管理者都会要求做价值评估、看数据？有没有项目从来就没有人提出要看数据，但依然长存不衰？学员们经常回答：有啊，像新员工、新经理，包括有些时候

给经销商的培训，组织好像基本都不要求衡量价值。这些例外说明什么？说明这些项目有天然的组织合法性。合法性从哪里来？从业务常识来。谁都知道：新员工如果不培训，会给企业砸锅，也无法融入企业；新经理不培训，就没法自学成才学会管理，带好团队；而经销商的培训，说是培训，实际上是实现同频，本质就是加深业务联结和信任的过程。

高管衡量项目价值的方式跟我们设想的不一样

即便衡量价值，我们也会发现，公司的老板很多时候不是通过看数据来了解培训和学习项目价值的，数据和业绩增长只是他们了解项目价值的一种途径。还有什么途径？他们会找身边比较信任的公司内的意见领袖、学员中的代表去了解：这个项目怎么样，实不实战，有没有帮助？你可以设想，一个组织内部轰轰烈烈地开展学习项目后，公司老板碰到学员小王，会问他："前不久你参加的这个学习怎么样啊，有没有用？"改天一起开会或者吃饭又碰到学员的某个上级，聊天时又会问他："前不久那个什么苍龙项目，你感觉对你下面的人有帮助吗？回来有什么变化吗？"如果他碰到的人给他的反馈都是积极正面的，即便不看数据，他也会对这个项目形成一个良好的印象；反之，即使业务数据很漂亮，他仍然会疑虑重重。

所以，衡量和呈现项目价值，不能光看数据，还有其他一些感性力量可以借助，这部分我们在本章第五小节详细拆解。

讲到这里，我们可以以终为始地反思一下，做项目价值评估到底给谁看，服务于什么目的？我认为从根本上来说，只能服务于两个核心目的，一个是自我提升，一个是证明价值、汇报请功。

第一个目的是让我们自己心里有数，以便为改进项目做参考，这是我们自己用；第二个目的是向公司证明投资是有价值的，说白了是为了表功以及争取后续的预算。

这两个目的中哪个是更主要的？站在数据量化的角度，显然第二个是更主要的。第一个目的是改进这个项目，我们可以通过很多渠道去了解大家的反馈等，其实不一定要通过做量化评估，你就已经知道你的项目要怎么优化。既然第二个目的是更主要的，那我们就要想一想，是不是一定要通过做量化评估这种方式来实现。总而言之，我们需要从根本目的出发，来全面看待是否以及到底为什么要做量化评估，不要一根筋地盯住最终的业绩和数据，很多时候，功夫在诗外。

虽然我们前面强调不要轻易做训战项目价值的量化评估，尤其要搞清楚到底为什么做评估和衡量，但不可否认，有些时候，基于组织的诉求，你的确需要做这样的评估，这时你可以用两种思路来做好评估和价值呈现。

梳理业务价值链做硬展示

收集训战项目的价值的证据和素材，我建议多管齐下，可以从 4 个方面加以关注（见表 10-1）。

表 10-1　训战项目效果评估的 4 种结果类型

结果类型	数据来源	收集方法
行为变化	学员	问卷 访谈 行为观察
	学员同事或直接下属	
	学员上级	
	受过培训的观察者	
	客户	

（续）

结果类型	数据来源	收集方法
利益干系人看法	客户	满意度调查
	直线下属	采访
	经理	焦点小组访谈
	高层	
工作成果产出（文档、产品、代码、汇报演讲等）	工作样本	专家评审
		标准对照
		成果或行为观察
业务指标改善	公司 IT 系统	数据分析
	第三方数据调查	数据购买

（1）**员工的行为到底有没有变化**。对于行为变化，实际上我们会发现，很多训练的内容在员工的行为上都是可见、可观察的。比如销售类培训包括怎么跟客户去谈，怎么为客户服务；技术类培训包括怎么诊断故障、维修机器；管理和领导力类培训包括如何与员工谈心，怎样辅导下属等。这些行为本身都是可以衡量的，至于方式，你可以采用结构化访谈，也可以基于行为量表从旁去观察打分，这些都可以观察到训战前后员工的行为有没有变化。这是一个非常直观的视角。

（2）**利益干系人的看法是怎样的**。在很多类型的训战项目里，利益干系人的看法、态度和倾向很可能本身就是学习效果的一个直接证明。比如我们培训营销人员为客户服务等，以客户为中心，最后肯定是落实到客户满意度上。客户和用户到底满意还是不满意，你是不是要去收集他们的意见？这本身就是一种直接的衡量。还有管理和领导力技能的培训，培训完之后，领导者的行为有没有发生有效的改变，谁说了算？当然是下属说了算，因为下属是被领导者，他们能够非常直观地感受到上级的管理行为到底有没有变化。只要能够做到匿名、客观，这种意见收集和调查的说服力就是很强的。所以，利益干系人意见和态度调查，本身就是学习效果一个非常直接的佐证。

（3）**产出的工作成果**。工作成果的产出也很重要，不同的工作会产出不同的成果。比如销售和管理工作任务会产出一些工作文档，产品研发部门会产出代码和产品，包括你为了与客户沟通准备的演示演讲材料。对这些成果，我们可以进行评价评审，用它们跟之前的成果做对照。像我前面举的例子，如果训练我们的员工以客户为中心去做好技术方案的演示，我们就可以看他们的演示稿、PPT、胶片，对比之前是不是有明显的变化，从这个成果上你是可以看得出来，训练对他们有没有产生实际效果的。

（4）**业务指标是不是得到落实和改善**。对于业务指标的改善，如果你们公司有相应的系统，有一些可靠的数据来源，这当然是一个非常直接的、有效的证明。在营销、生产、物流配送和部分研发环节，数据是比较容易获得的。有的读者会说：我们的工作偏向于中后台，数据不容易获得，而且似乎拿到也不能直接对应我们的工作产出，这时怎么办？

这时，你就要先搞清楚你的业务价值链。思路是这样的：从结果指标倒推出它的一些重要的过程指标，再由过程指标回溯到一些工作行为，由工作行为再联结到我们的一些学习活动（见图10-2）。不能只盯着最终结果看结果，而是要层层倒推，最终锁定既能够影响结果指标又直接对应训练主题和产出的过程和任务。

比如，对于大客户销售，肯定要看销售业绩，那销售业绩是怎么来的？如果我们拆解过程指标，可能就会拆解出：拜访客户数、平均拜访

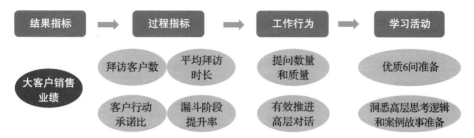

图 10-2　业务价值链拆解（以大客户销售业绩为例）

时长、客户行动承诺比、漏斗阶段提升率等。如果公司有 CRM 系统，客户行动承诺比是可以抓取出来的。再如，要让客户拜访单次沟通质量提升，我们可能会拆解出一些工作行为，譬如提问的数量和质量如何、以及在推进高层对话这部分做得是不是有效等，这是工作行为。接下来我们可以再拆出下面对应的一些学习活动。比如要提升提问的数量和质量，优质的 6 个对话问题准备得怎么样。想要更好地与高层对话，就需要洞悉客户高层关注的业务远景与业务逻辑，这样才能贴合他们的业务逻辑，给他们讲一些感兴趣的故事和案例，这就是跟进的学习活动。这样一环一环扣下来，我们就会发现学习活动影响工作行为，工作行为影响其中的一些重要的过程指标，而这些过程指标累积在一起，才能带来我们需要的结果。

再以我们熟悉的 HR 招聘为例，比如胜任员工到岗率（见图 10-3）。过程指标可能是优质简历数、简历筛选质量、初筛面试有效率、有效内推数量。与之对应的工作行为，可能会是快速精准地去筛简历，以及激活组织内部有效内推。在学习活动上，可能会是你精准筛选简历的方法、有效内推邀请、宣传的一些话术文案等。这样就形成了一脉相承的业务价值链，当你聚焦于这个价值链去识别和定位这个过程时，你所训练的一些内容就会对公司的业务和关心的结果带来可见的影响。如果你想跳过这种拆解，直接把学习产出挂靠到结果指标上，很多时候是行不通的。所以，围绕业务价值链的层层拆解和转换是至关重要的。

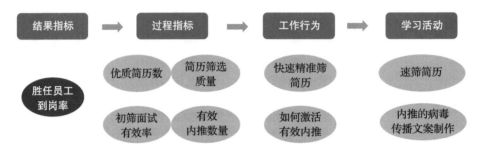

图 10-3　业务价值链拆解（以胜任员工到岗率为例）

以上四个方面有一个共性，就是围绕摆事实、讲道理来影响和说服关键人，走的都是理性诉求的路子。而我们知道，人不光有理性的一面，还有感性的一面，很多时候，感性的力量更为强大和持久。

用好感性力量做软呈现

我们来看一张图片（见图10-4）。你能告诉我这张照片的主人公是谁，主题是关于什么的吗？

我想，可能你说不出照片上小女孩的名字，但你大概知道这张照片是关于希望工程的。这个小女孩名字叫苏明娟，当年是安徽省金寨县的一名贫困学生，她出生于普通的农家，父母靠打鱼、养蚕、养猪和种田、种板栗为生，一家人过着

图 10-4　希望工程大眼睛女孩

辛劳拮据、简朴的乡村生活。7岁的她，在读小学一年级的一天，手握铅笔，两只对求知充满渴望的大眼睛直视前方。这一幕正巧被赶来采风的知名纪实摄影记者解海龙拍了下来，后来以《我要读书》为题发表出来，一下子就成为我国希望工程的标志。

其实在那之前，在报纸、电视媒体上，已经有很多对于贫困儿童失学问题的报道，但并没有引起人们过多的关注和行动，反而是一张看起来不经意拍摄的照片，一下就引发了全国人民巨大的情感触动和共鸣。从那之后，希望工程得到了社会各界更多的捐助和支持。这充分说明了情感的力量，情感共鸣能够激发人们的行动，能够更快地得到大家的认同和响应。

今天这个小女孩已经成为中国工商银行安徽省分行的一名中层干部。在后来的时间里，她不断回馈社会，持续给希望工程捐款助学，帮助那些需要的孩子们。

这种情感的力量要如何用在训战项目价值呈现上？让我们设想这样一个情景：你建了一个知识付费平台，上面有很多优质的音频课程，前期用户增长很快，黏性很强，后来业务增长逐渐遇到天花板，完课率、订阅数增长都开始放缓。一时间质疑声四起，这时你要如何向投资者和用户证明你的平台和课程是有价值的呢？你可能会说：拉数据、摆事实、讲道理呗。这属于前面讲过的理性思路，如果要运用情感的力量，怎么办呢？答案是讲故事。你大概猜出来了，上面的知识付费平台正是"得到"，而以上挑战正是"得到"面临的真实困境。我们看看"得到"是怎么讲故事的。

那一段时间，"得到"高层，包括罗振宇和脱不花，很喜欢在各个场合分享如下两个故事。

故事 1：2019 年，有位用户，在"得到"某个课程留言里，提出了一个问题："老师你好，我家住在县城附近的公路旁边，有一块小菜地，我怎么才能把我自己种的菜卖出去呢？"

这个问题，是这位用户最真实的挑战，而且可能还关乎他一家人的生计。但是这样的问题，教科书上没有，商学院里没有，互联网上也没有。幸运的是，这个留言被另一位"得到"用户看到了。当时"得到"的留言系统还不支持用户间互动，于是热心的她就在这门课程下面用另一条留言回答了这个问题。她根据这个提问中的具体情境，给出了鲜活的知识解答：

菜地规模不大，如果将菜送到市场去卖，没有优势，也没有价格竞争力，所以还是要在家附近的公路旁边卖。但是请注意，县城附近的公路，表面上看车流量很大，但是这些车都是呼啸而去的，你很难吸引车上的人停下来买你的菜。所以，如果你要想在公路旁搭个棚子卖菜，请注意以下几点：①先去网上批发外观好、成本低的菜篮子，不要按品种卖菜，而是要把不同的菜组合装进菜篮子里陈列，把卖不同品种的菜变成卖组合好的菜篮子，从按照品种称重计费变成按照一个菜篮子进行定价。②制作一条红底白字的大横幅挂在路边，文案是"进城走亲戚，带篮农家菜"。用宋体字，越大越好。同时，制作两个大幅的收款二维码，要保证五米开外也能扫成功。

为什么要这样卖菜？在公路旁边卖菜，看似车流量大，但那是车流，不是商流，卖菜很难吸引司机把车停下来，所以要把卖菜变成另外一个场景，比如卖一份农家特色的礼物，不仅创造了卖点，同时提高了附加值，而整篮销售、一个定价都是为了提高商品流转率。

我们一直说，"得到"要做一所服务终身学习者的大学。在这所终身大学里，我们每个人、每天都在处理在真实世界遇到的挑战，就像这位用户提出的问题一样，具体、真实、艰难，但谁都没有现成答案。

所以，当这条答案出现的时候，我们特别激动。因为她的这种力量证明了一件事：知识不仅仅存在于教科书上、学校里、网络上，更存在于那些在一线具体干事的人的头脑里。

他们头脑中的解决方案，是他们在经历过和提问者同样的无助、痛苦、纠结和困惑，不断挣扎，无数次努力后，摸索出来的宝贵经验。

所以，哪怕你没有卖过菜，但只要你买过菜，你就能迅速地感知到这个答案的价值。

一次用户互动中，蕴含了市场营销4P理论、助推理论、设计行为学理论的具体运用。这就是"得到"学员的水准。"得到"事后找到了这位用户，没想到她本身就是一位长期在"得到"学习的零售业顾问，名叫黄碧云。再后来，她申请成为"得到"高研院的成员，再往后，"得到"邀请她在 App 上开设了专栏课"黄碧云的小店创业课"，先后有超过 3 万人追随她学习，现在她已经是全国知名的零售业专家了。黄碧云小店创业课的课程表如图 10-5 所示。

卖菜的用户，从知识中获得了力

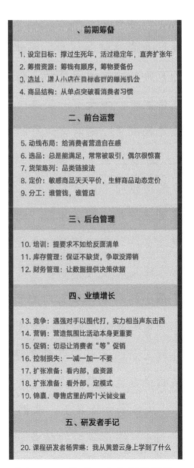

图 10-5　黄碧云小店创业课的课程表

量；而黄碧云老师，也从这个知识共享的过程中获得了自己的力量。

故事 2：一位北京的退休老人，名叫吕铁马。2012 年，吕老先生 60 岁退休。他本可以开始享受生活，发展爱好，含饴弄孙。但他却做了一个出人意料的决定，参加司法考试。要知道，司法考试是非常难的，每年平均通过率不到 10%，参加考试的大都是年轻人。吕老先生在退休之后就开始备考，考了一次没过，又考，一直考了 6 年，终于在 67 岁时通过了司法考试，成为中国司法考试有史以来年龄最大的考生。取得了法律职业资格证书以后，吕老先生给自己找了一份工作，在北京的一家律师事务所担任实习律师。他说："我年纪大了，没经验，好多人不愿意找我做案子。但是有一类案子我很有经验，那就是离婚案。"如今，吕老先生已经成了一名非常优秀的离婚诉讼专业律师。

吕老先生是一位"得到"用户，也是一位终身学习者。社会对老年人的刻板印象，认为应该"老有所养"。但是，像吕老先生这样的老人考虑更多的是，怎么才能"老有所为"，甚至是跟年轻人站到同一起跑线上继续奋斗。我们问吕老先生，为什么要做这件事？他说："第一，我们这代人注定会活得很长。我怎么能接受自己 60 岁就开始养老呢？第二，孩子很小的时候，我就对自己有一个要求，就是要求孩子做到的事情，自己一定要先做出示范。即便我的孩子现在 30 多岁了，我也不能放弃自己作为父亲的责任。我希望通过我的选择告诉孩子，任何情况下都不应该放松对自己的要求。"

从吕老先生身上，我们受到了很大的启发：

（1）终身学习的场景和人的发展紧密相关。随着人类寿命变长，人们的职业生涯也越来越长，每个人的一生当中会经历多次职业和身份的转换。每一次角色转换，都需要通过学习来应对身份转换带来的挑战。

这是"终身"的含义。

（2）终身学习需要一个共同体。因为学习是一件艰苦的事情，什么可以帮助一个人完成高质量持续不断的终身学习？"得到"研究得出的结论是，拥有一个好的共同体。这个共同体会督促你、激励你去学习。在一起的力量可能超过所有的老师课程。这就是"学校"的价值。

"全球领先"，指的是"得到"要坚定地把用户的"无提示第一提及率"作为北极星指标，即在终身学习领域，不暗示、不引导，用户能否将"得到"品牌第一个"脱口而出"？每当一个人想要"学点儿东西"的时候，是否能想到先来"得到"看看？人们在每一次角色转换的时候，是否能够从"得到"收获有用的解决方案？这是"得到"唯一的终局性的评价标准。

现在的"得到"App不过是这所未来学校的一个线上门户的一期工程。能力的局限，靠愿力突破。

不知你读完这两个故事有什么感受？你觉得"得到"这个知识付费平台以及上面的课程有没有价值？当然有价值，因为这两个故事生动地体现了，"得到"实实在在地聚拢了一批热爱学习、乐于互助的终身学习者，而且上面的内容都很接地气，让很多人受益并被点亮，无数的用户利用"得到"和"得到"的产品，获得了力量和改变，这些都经由故事润物无声但又排山倒海地进入了目标受众的头脑和心灵，这样的效果比摆数据、讲道理好太多了。

所以，为了呈现训战项目的价值，我们可以挖掘学员转变的案例和故事，对其进行提炼和打磨，然后在组织内进行传播。软呈现的常见场景如表10-2所示。

表 10-2 软呈现的常见场景

常见场景	场景说明	执行要点
当面汇报	向项目发起人和核心干系人做项目结项或分阶段汇报时讲述	• 力求简短，配合必要的图片、数据 • 一般情况下把案例和故事放在前面，用以引发关注和讨论 • 如果氛围良好，也可以考虑放在最后给予信心
大会放映	制作成 PPT 或视频在各种年会、大会代表本部门发言呈现时播放	• 准备必要导入语而不要未经铺垫直接播放 • 提前测试清晰度和设备播放效果
视频传播	制作成短视频在组织内网、学习平台、企业办公平台进行推送	• 务求真实可信，而不要给人感觉像打广告 • 配合项目节奏和组织内部特殊时点进行传播，例如项目攻坚、业绩冲刺、教师节等

在如何打造成功的训战项目故事或案例上，我的经验要点如下。

选主角：

◇ 精心挑选故事的主人公，越平凡普通越好。
◇ 通常选择我们的学员或学员行为改变影响的对象，如领导和客户。

挖痛点：

◇ 锁定主人公的一个业务和成长痛点。

优叙事：

◇ 用叙述和有画面感的语言，讲述一件事情。
◇ 事情有起伏和曲折，过程中主人公的痛点得到了解决。
◇ 主人公最终获得了成长或幸福。

磨亮点：

◇ 如果搭配合适、有说服力的数据，效果加倍。
◇ 结尾时可以引用名人名言等。

总结一下，我们在做训战项目效果评估的时候要关注出发点到底是什么，有没有可能以终为始，曲径通幽。另外在规划项目的价值显现的过程中，一定要打开思路，除了运用理性的部分，拆解业务价值链，收集必要的事实数据、行为变化的证据之外，还要学会讲故事。找到学员、用户、客户身上通过训战真正发生的改变，瞄准这些改变给他们带来的个人发展，给他们的事业带来的更大帮助，用这些真实动人的故事去传播，去塑造大家对训战项目的口碑，从而改变大家对训战的理解和认识。记住，理性的力量让人警醒，感性的力量振奋人心。

第三篇

升 华 篇

第 11 章

面向未来的训战

> 2018年，华为三十而立，风华正茂。未来二三十年，人类将进入智能社会。面向新的时代，华为立志：把数字世界带入每个人、每个家庭、每个组织，构建万物互联的智能世界。这既是激发我们不懈奋斗的远大愿景，也是我们所肩负的神圣使命。
>
> ——华为轮值 CEO　胡厚崑

细心的读者可能已经发现，本书列举的大部分案例似乎都与业务或专业领域赋能相关，那么诸如领导力、思维能力、沟通、同理心这样的底层通用技能可以用训战的方式加以培养吗？

我们可以换个视角，从中小学教育 PBL 的实践中寻找答案。PBL（project-based learning，项目式学习）是源自美国的一种教学方法，即学生通过一段时间内对真实世界的挑战和问题进行深入探究，并形成初步成果，从中获得知识和技能的过程。

面向未来的真实世界中的 K12 教育实践和趋势

上海世界外国语小学每年都有一个特色项目"端午龙舟赛"。这个龙舟赛不是简单地比谁的力气大、划得快，参赛者需要把体育、科学、艺术等学科整合起来，才能完成挑战。

挑战首先来自龙舟，它需要学生自己动手建造。学生以小组为单位，像科学家那样研究浮力、压力和平衡，像工匠那样把龙舟造出来。想让造出来的龙舟看起来与众不同，学生还得考虑造型、色彩和创意。最后要赢得比赛，学生还得像运动员那样合理安排体能训练强度，商量好分工和配合策略。

你可能会有疑问，这么复杂的项目，学生能应对吗？事实上，在老师的指导下，每年一届的龙舟赛是孩子们最期待的活动。因为用这种方式学习，孩子们不再觉得学习枯燥无味。在这个过程中，孩子们除了可以综合应用他们的诸如力学、美术、工程等跨学科知识，他们的一些原本在课堂上很难培养的素质和能力，例如团队合作、人际沟通、工程思维、创意思维等也可以得到较好的组合运用与发展。

这个案例来自得到 App 上沈祖芸老师的"沈祖芸全球教育报告 8 讲"。沈老师 2019 年调研了 100 多位全球教育工作者，实地考察了 25 所各种类型的中小学和 12 所世界知名高校，并拿出了一份报告。她在报告中指出："从全球中小学的教学实践来看，世界各国的积极探索和变化非常活跃，美国有翻转课堂、STEM 学习、基于项目的 PBL 学习、游戏化学习，芬兰有基于现象的学习（phenomenon-based learning），英国有工作室学习，新加坡提倡少教多学等。这些方式看起来眼花缭乱，其实它们都有一个共同特征，就是从追求标准答案的被动学习走向围绕真实世界的问题形成解决方案的主动学习。"

企业内部的成人学习时间紧、任务重，不强调基础素养提升，而倡导即刻的学习应用和转化，所以很难直接复制以上做法，但其根本思路却是一样的，那就是即便是通用素质和能力也需要构建实战的任务和场景来加以锻造和培养，实战实用与成果显现提供了最好的检验和反馈平台，这与我们前面分享的案例在内核和实质上如出一辙。

过去十多年里，芬兰中学生在 PISA（国际学生评估项目）测验中总能名列前茅，但另一方面，芬兰学生在 TIMSS（偏向于课内知识的国际调查）的得分直线下降。而且，在近期的 PISA 测验中，芬兰学生的考试成绩一直在下降。有观察家认为，芬兰教育体系并不如人们想象中的那么好，因为它的核心课程忽略了一些 PISA 不考的知识。这被认为是芬兰教育部门做出如此重大改革举动的重要原因之一。许多人认为，芬兰青少年需要比以前更多更综合的知识和技能，来应对现实世界的问题。

所谓"现象教学"（teaching by topic），即事先确定一些主题，然后围绕这些主题，将相近的学科知识重新编排形成学科融合式的课程模块，在同一模块中囊括经济、历史、地理等各种跨学科的知识，以主题贯穿学习，以这样的课程模块为载体，实现跨学科教学。例如主题"欧盟""社区和环境变化""芬兰100年独立发展史"等。

"现象教学"和我们的项目学习（研究型课程）有相似之处，即事先设定特定任务目标，学生在合作和探究的过程中实现任务目标。

区别在于："现象教学"更加注重跨学科知识的综合运用，而且任务目标的选择更多来自学生日常所能接触到的"现象"。如设计欧洲旅行方案，这样的项目任务更加生活化和情景化，有助于学生体认和理解。"现象教学"围绕特定的主题，结合项目式、情景体验式和合作学习，实现跨学科教学，培养学生的综合能力。

相比而言，我们的有些项目式学习，所选择的任务目标可能过于偏离学生的日常生活，如通过合作来验证物理或化学领域的一些复杂定律等。这些任务目标往往过于抽象和复杂，学生根本无法通过简单的几节课来完成。更重要的是，"现象教学"是用硬性的手段（国家课程标准）将部分学科"彻底打通"。

（摘自微信公众号"独佳英语"《芬兰的"现象教学"是什么？》一文）

然而，即便是这样看起来很有创意和前瞻性的教学模式，依然有人提出批评。苹果公司前首席教育官约翰·库奇在其《学习的升级》一书中，进一步提出了挑战式学习（challenge-based learning）的概念。他对项目式学习的一个重要批评是其使用技术的方式。他认为项目式学习中，技术并不是不可或缺的，甚至很多时候根本不需要使用技术，最多也就是简单地在互联网上收集信息而已。相比之下，在挑战式学习中，技术贯穿了整个过程的各个阶段。不仅收集信息时要用到技术，而且在沟通、协作和提升参与程度时也会以各种方式使用技术。例如，某个项目式学习项目可能要求学生去找一段 YouTube 视频，作为幻灯片演示的一部分进行分享；挑战式学习则可能会要求学生自己去录制一个视频，作为现场模拟的一部分进行分享。挑战式学习的目标是让学生不再是信息内容的摄入者，而逐渐成为制造者和创作者。VR、AR、大数据等技术手段的应用也将极大颠覆和改变 K12 学习的样貌。

为什么技术如此重要和受到关注？因为它确实会颠覆我们今天感觉习以为常的培训和学习形态。下面，我们来看看新的技术如何颠覆学习的本质，它能给我们带来什么启示。

假如记忆可以移植

如图 11-1 所示，教育和培训针对的内容可以分为三个大类：知识（knowledge）、技能（skill）、态度（attitude），这三者再加上经验才构成一个人的综合素质及能力。比如一个人开车上路，不仅需要基本的汽车构造和机械知识（知识）；同时还要有熟练的移库、倒库等操作能力（技能）；要做到安全驾驶，还需要遵守交通规则、不存侥幸心理超速驾驶等情感理念支持（态度）。虽然这个简单粗暴的分类在学界受到批评，但它简单易理解，我们在这里暂且套用。随着未来技术的发展，知识、技能、态度，哪一个领域会率先获得突破呢？

图 11-1　各要素关系图

目前，一般认为态度是最难改变和重塑的，技能次之，知识相对容易。未来，凭借技术手段，我个人认为这个次序很可能要发生重大改变。

先看态度。态度是一个人对某一特定对象所持有的稳定的心理倾向。

目前，业界比较成功的态度重塑训练，一般的做法是采用强烈的体验刺激来冲击原有认知，然后再设计自发主动的深层反思，使得人的原有信念松动甚至解体，从而达到改变态度的目的。

有一部电影叫《人生遥控器》，就生动再现了这样一个过程。建筑师迈可·纽曼每天都过着忙碌的生活。事业有成的他有个美满的家庭——美丽贤惠的妻子唐娜和一对可爱的儿女，但他总是没时间好好享受天伦之乐。为了晋升，他逃避尘世，每天把自己关在地下室忘我工作，甚至屡屡忘记了与家人们的约定。

迈可一直在寻找一个能让浪费时间的琐事快点结束的解决方案。一天，一个神秘的家居超市老板莫蒂给了他一个万能遥控器。迈可使用后，发现了这个遥控器的神奇功能：他可以利用这个遥控器控制自己的生活时间，这对他来说是件极其令人兴奋的事情，这样他可以逃过那些烦琐的事，随心所欲到达自己想要的时段。

突然有一天，这个遥控器不再受他控制，他的时间迅速流逝。他错过了很多重要的人生时刻和要事：他很快晋升为公司的高层、他的妻子离开了他改嫁他人、父亲逝世、儿子结婚等。他开始后悔自己无意间错失了很多东西。弥留之际，他努力冲出病房，在雨夜中追上儿子，告诫儿子千万不要重蹈自己的覆辙，要多把时间留给家人……然后，迈克突然惊醒，发现自己竟然在家居超市的床铺上睡着了，原来他刚才只是做了一个梦。他迅速跑回家，向自己一度厌弃的父母表达爱意，陪孩子露营，跟妻子紧紧拥抱。从此，他一改往日行为方式，把家庭摆在了人生的首要位置。

主人公在整部电影中的觉醒和转变是一步步发生的，其中人生遥控器带他进入的人生实景漫游经历起到了重要的助推作用。其中有这样一幕：他错过父亲离世的瞬间后，用遥控器倒带来到了自己的办公室。他看到老父亲最后一次来找自己，而自己作为公司 CEO，整个过程中几乎一直在忙手头工作，正眼都没瞧过父亲一次，而且在父亲黯然离去之前还用言语重重地刺伤了父亲。最后，父亲带着泪光和无尽的遗憾转身离开。他在旁边看到这一幕，朝主人公（未来的自己）大声责骂呼喊，希望能唤醒他，扭转这一关键时刻，但是无济于事。这一幕彻底击垮了主人公自己的内心，让他看清了自己的冷漠、自私和愚蠢，改变向上的力量被彻底激活。

你可能会说，这是一个近乎科幻场景的荒诞故事，现实生活中怎么可能有人随意在人生不同阶段亲历和漫游。可我要告诉你，这个场景的实现指日可待。借助 VR 和脑波干预技术，我们很快就可以轻易地实现真人实景沉浸体验，接下来无非给你编一个剧情让自己进入其中切身感受。如果想要的话，你还可以看到自己在人生不同阶段关键选择的剧情发展。很多时候，我们困在当下迟迟不做出改变，就是因为当局者迷。我们看不清未来，看不清长远的后果和影响。如果这一切唾手可得，随时可以历历在目地呈现，那么我们信念和心态的改变是不是容易得多？我甚至在想，那时专门以此为生的教练（coach）是不是也将面临职业挑战。

如果说以上畅想还带有一些浪漫主义色彩的话，以色列著名历史学家尤瓦尔·赫拉利其实还为我们描绘了一条更加冷酷、理性的态度改变未来的路径。他在《未来简史》中提到，"如果我们能解开遗传密码、弄明白大脑里每个神经元，就能知道人类所有的秘密。毕竟，如果人类没有灵魂，如果所有思想、情感和感觉都只是生化算法"，这样未来可能连体验都可以免去了，直接刺激脑回路部分区域，就可以瞬间触发人类情感和感觉，促成顿悟。如《菜根谭》所说："苦乐非两心，迷悟非两境，只在一转念间耳。"因为态度的改变是可以瞬间完成的，所以，在未来技术条件下，态度反而成了最容易重塑的领域。

再看知识。知识主要依赖记忆，就是把短期记忆转化为长期记忆的过程（见图11-2）。短期记忆需要经历反复的强化和检索练习才能塑造成为可靠的长期记忆，而且还得克服遗忘的问题。那么，记忆有没有可能被移植呢？虽然有不少电影如《记忆碎片》《盗梦空间》《记忆大师》等一直热衷于这样的题材，但很多人还是觉得这是无稽之谈。每个人的记忆都是由个体的独特经历和体验凝结而成的，况且目前人脑到底是如何记忆的仍有太多谜团尚未破解，记忆怎么可能被移植？

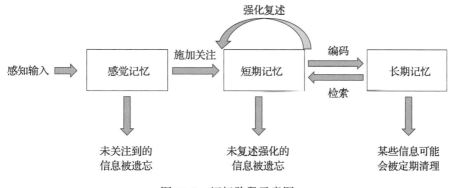

图 11-2 记忆阶段示意图

然而，脑科学和脑机接口技术的发展为我们展示了一幅可能的演进图景。材料科学家孙瑜博士在他得到 App 上的"前沿科技之脑机接口"课上描绘了一系列的科技研究进展。2002 年，南加州大学的西奥多 - 伯格教授发现了海马体的记忆密码，2013 年他还借用猴子完成了一段记忆的备份和复制工作，并进一步开发了记忆芯片，其手段就是用数学模型模仿大脑里海马体的功能。据孙瑜说，截至 2016 年，伯格教授用记忆芯片尝试做人类实验，移植成功率已经接近 80%。埃隆·马斯克的 NeuralLink 公司也是在脑机接口领域展现出大好前景时，于 2017 年高调宣布进入这一领域。如果说之前的主流科学研究方向还是复原或者移植记忆的话，那么马斯克的想法更加大胆而颠覆。他提出了大脑"数字化第三层"的概念，期望实现人脑和机器智能的融合，这样人就升级成了"超人"。

脑机接口技术

简单来理解，脑机接口指的是脑和机器直接连接。这里的"脑"，指的是大脑和我们的神经系统；而"机"指的是外部设备，例如机械臂、外骨骼、无人机、电子皮肤等。所以脑机接口是用来把我们大脑的想法传递给外部设备，甚至直接传递给其他人的大脑的。

脑机接口技术是一种被认为会颠覆人类文明进程的技术。它试图替代五万年来人类赖以生存的协作工具：语言。它要绕过语言，建立一个能让大脑和外界直接沟通的全新界面，这可不仅仅会改变我们的交流方式。它会赋予我们人类一系列"科幻级别"的新能力，比如用意识操控机器（如假肢、机械臂）、移植记忆、用机械骨骼代替人体以及全面提升大脑的运算能力等。用一句话说，脑机技术一旦实现，人类将一跃成为超人。

（摘自孙瑜得到 App 课程"前沿科技之脑机接口"）

如果记忆可以被移植，那么接下来就轮到技能了。什么是技能？你可以问自己一个简单的问题：做一件事情，大多数人可以不通过任何训练就成为这方面的专家吗？如果答案是否定的，那么能做成这件事就一定需要一项技能。

比如你可以看几遍会车、环岛等交通标识就学会辨识，却不大可能一上来就很自如地驾驶汽车、完成会车和顺利穿过环岛。前者是知识，后者涉及的就是技能。

要熟练地展现出技能，通常会有一些预备知识要掌握，但仅仅掌握知识是不够的，还必须进行练习和反馈。当然，正确的态度也不可或缺。我们在前面已经探讨过知识和态度了，接下来重点谈技能部分特有的问题。

经常运动的人都了解一个概念叫肌肉记忆，是指运动者经过长期的锻炼和练习，身体形成了对某一关键动作的无意识精准反应。

比如打乒乓球时的发球动作。

①左手以一定力度抛球。这个力度是记忆。

②球上升到一定高度再落到一定位置。这里的高度、时间、位置是记忆。

③右手以一定姿势握拍。这个姿势是记忆。

④右手在球落到某个位置时以某个力度向某个位置挥动。这个位置、力度、挥拍时间是记忆。还需要考虑非常多的参数，包括肌肉的训练，才能达到某个精准的力度。

当上述的动作经过多次练习以后，小脑会过滤掉很多非关键的因素（如眼睛看到的大多数信息），从而形成一个最精简的连续动作，想要完成这个动作你只要知道在某个时间点做出某个动作就会达到预期的效果！

虽然肌肉和细胞到底有没有记忆目前并没有形成统一看法，但是在刚才这组动作中显然参与和发挥作用的不仅仅是人脑和神经系统，可能还有身体的某些部位。事实上，不仅是运动、音乐演奏等涉及身体运动的技能，即便是销售、客服这种看起来主要靠语言的工作，其实也涉及咽部和面部的肌肉记忆问题。同一句话，不同的人说出来，给人的感觉完全不同。

我们为什么要谈肌肉记忆的问题，因为如果技能训练只牵扯到大脑，那么我们把高手大脑里储藏的显性和隐性记忆提取出来（虽然这很科幻，还有漫长的道路要走），通过前面所谈的脑机接口技术"移植"给普通人，就可以实现技能的迁移了。但肌肉记忆的存在使得这个问题没有这么简单。我们还得破解肌肉记忆的奥秘，调动身体的某些部分与大脑有机地协同配合，这种配合很多时候还需要身体在生理结构上的改变。比如刘国梁的打球隐性经验和记忆，是需要他的手腕和腿部肌肉作为协同配合才能发挥效力的。这个时候，恐怕扎扎实实的实际训练还是必不可少的，而不大可能出现打一针或者接个电极，就瞬间脱胎换骨成为刘国梁这种传奇事件。

要扎扎实实地训练，就离不开今天技能训练公认的三要素（见图 11-3）：逼真的场景和挑战、高频的针对性练习加上及时有效的反馈。这样问题就再次回到了训战的主题。训战实际上就是从这三要素入手来提升知识和技能训练效果的。未来的技术看起来可以加速这一过程，却没有办法将由知到行的鸿沟消除。

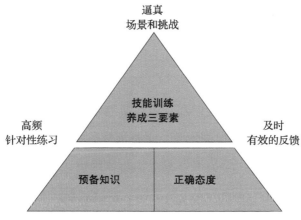

图 11-3　技能培养要素组合示意图

未来的训战样貌预测

下面，我们来大胆地幻想一下未来训战的样貌。为了便于理解，我以一个现实的案例作为场景，并且围绕这个训战场景遇到的挑战和困难，看看未来的技术手段会怎样赋能和提供支持。

在第 2 章，我们介绍了华为青训班的案例，这个班主要面向华为 17 级左右后备干部，即未来要成为一线市场干部的后备人才，为华为未来以项目为中心的职业化管理奠定基础。这个项目后来拓展到其他领域，比较有代表性的是研发或产品人员转型市场销售的赋能。这是一个比较典型的角色转型的赋能场景，在今天的大型企业里频繁发生。比如原来很多技术型企业只做研发，现在要做 2B 转型，直接面向客户拓展业务，这时企业里就有很多有技术背景的人才需要进行角色转型。

接下来快速梳理一下这种角色转型赋能遇到的最主要的挑战，顺便看看未来的技术可以提供哪些支持。

（1）**破除心态误区**。角色转型意味着要拥抱未知和陌生领域，培养全新的能力，这里面很多人对于新的岗位和角色充满了疑虑和恐惧，"我到底能不能行？这个转变是否超出了我的能力范围？"这种纠结是人之常情，也是成功转型的第一道障碍。

传统的解决方法是诱之以利和组织机制牵引，落实在培训上则通过"洗脑"和成功故事及榜样的示范，来打消学员的疑虑。

在未来的条件下，学员可以戴上头盔或眼镜，通过虚拟现实和催眠技术，参与一部自己主演的人生转型剧。学员会看到成功前的主要关卡、挑战，以及组织提供的工具、资源，转型之后的前景和回报，从而实现未开始先全景体验，消除不必要的担心和误解。同时，确实有一部分学员感觉不适，各种传感系统也会及时捕捉信号，提醒本人和后台这些学员可能真的不适合新的角色，让双方及早做出决策，避免进入后不适应带来的更大震荡。

（2）**提供最佳实践的知识和经验**。下定决心进行转型的学员接下来就要学习真正的干货和经过验证的经验方法了。

传统的解决方案是开展内外部的知识收割和经验萃取，然后总结出关键案例场景下的套路和方法，最后设计成实战演练当堂赋能给学员。

在未来的条件下，知识经验可以借助两个渠道进行提炼：一个是从专家头脑中更方便快捷地提取出来；另一个是从大数据的分析中找到规律和方法，然后通过脑机接口导入目标学员头脑里，这样就实现了知识经验的快速迁移。

（3）**训练内化**。如前所述，只有知识和经验方法是不够的，学员还需要不断地演练并获得反馈，以实现关键动作要领的内化，并形成肌肉记忆。

目前，这一步主要靠训后的项目脱岗实战，以及3个月后提交实战心得、参加答辩来加以验证。这在目前的企业培训实践里，已经是紧贴实战的领先做法了，然而，在这个过程中学员到底如何开展实战，3个月的转化期里到底成效如何，效率还能否再提升等都是遗留的问题。

在未来的条件下，很有可能不需要3个月这么久，因为VR系统里已经集成了过往碰到的典型问题，利用AR技术，这些客户端和交付现场的问题将更加直观立体甚至放大地呈现在我们面前，可供随时进行更加仿真的客户操练，而且操练完即刻可以得到优质的反馈。这样，练习的效果和转化的成效就大大地提升了。并且训练系统可以更加实时地捕捉学员的言语、表情、情绪变化及脑电波等信号来分析训练的成效，从而实现个性化的学习资源推送及强化训练方案生成。

虚实融合：美军军事训练的顶级模式（节选）

为最大程度提高部队战备水平、锤炼部队应对极端复杂情况的能力，美国陆军提出融合实兵训练（live）、模拟训练（virtual）、构造仿真训练（constructive）和军事游戏（gaming）于一体的LVC集成训练环境（integrated training environment）概念，构建出了近似实战的联合作战仿真训练环境，并于2012年11月在第2骑兵团组织的营级规模实兵实弹训练中进行了首次运用。这种"虚实结合"的训练模式，对我军训练条件建设以及训练的组织与实施具有很高的参考价值。

LVC集成训练环境是目前美国陆军军事训练的核心理念。LVC集成训练环境概念设想根据训练任务需求，融合实兵训练系统、模拟训练系统（包括军事游戏）和构造仿真系统的各自优点，把室内训练的指挥员、参谋人员和野外训练的士兵以及各兵种模拟器材集成在同一任务环境中，为指挥员、参谋人员和士兵提供复杂可靠、能反映实际作战复杂特性的训练环境。LVC集成训练环境非常适合合成部队营、连、排多级同步训练，在技术上还可以支持旅规模的训练。

（摘自微信公众号"外军分队作战训练研究"《虚实融合：美军军事训练的顶级模式》一文）

另外，随着AI的大规模推广使用，未来的训战对象除了人可能还有AI，也包括人和AI的协同。如果你是HR，很可能需要借助AI对目标候选人进行精准画像，还需要AI通过大数据提供录用辅助决策。如果你是大客户销售，则很可能需要与AI配合，精准定位客户需求点，制订最有利的谈判方案，包括迅速获得每一种销售提案的财务效果。如果你是仓库管理人员，则必须能够借助AI管理仓库利用率，并且与前端销售系统对接，智能分析备货情况，以最大程度提升库存周转及回报。

总体上，对AI的训练要比人类更简单，因为它们没有情感，几乎不需要转化，只要进行程序升级，理论上就可以在一夜之间脱胎换骨。人的训练就要麻烦很多，如同上面介绍的，知识、技能、态度等方面皆面临挑战。人和AI的协同则取决于人和AI的沟通方式，例如脑机接口技术的发展，这个过程中一个核心的技术瓶颈是破译人脑运行奥秘，我们会看到上面所有的畅想和分析都是基于这一重大前提的。

但无论如何，学习离不开内容，而优质的内容要么来自一线的最佳实践，要么来自大数据的"喂养"和分析得出的结论，未来随着AI和脑机接口技术的发展，这两者的界限也会越来越模糊，能够被人类消化理解的经验和智慧也可以很容易地让AI领会。目前只有AI才能处理和利用的数据和算法，未来也可以赋能和移植给人类。不过，在肌肉记忆等奥秘没有得到完全破解之前，学习中的学和习仍然缺一不可，经验也还得有人总结和提取，而经验有赖于亲历和反思。下围棋或者国际象棋可以完全在头脑中完成，但勘探石油、火灾救援、研发产品、客户谈判等任务还必须身临其境才能获得感悟。这时，未来的 VR 或者 AR 技术就可以提供支持。所以，未来只是训练的手段和形式会发生进化，但无法跳过练习和训练的环节。

一言以蔽之，训战的核心理念不变，训对准战，仗怎么打，兵就怎么练，仍然是颠扑不破的学习真谛。技术手段可以让它变得更容易，更有效率，更容易评估，但目前来看还无法一下子抹平学习与转化的鸿沟。无论如何，最大程度对准实战，仍然是加速学习转化的不二法门。

第 12 章

联姻行动学习和绩效改进

> 我这个人啥都不懂，不懂技术，不懂管理，不懂财务。不就是用"一桶胶水"把你们组合在一起，又组合了 18 万员工，为我所用不就行了吗？华为是为积蓄能力而创新的，而不是完全叠加一些东西，有整体的系统能力。
>
> ——任正非

一家研发见长的电子消费品企业发现自己的研发队伍远离市场需求，一味追求高精尖，不以客户为中心，虽然大会小会上老板为此讲话强调过很多次了，但情况始终不见好转。分析发现，这里面有研发流程的问题，有绩效和奖励机制的问题，也有长期的思维惯性和意识不到位的问题。针对思维惯性和意识不到位的问题，有以下三种跟进的思路，你会选择哪一种？

（1）找外部机构和名师给研发部门主管和核心骨干授课，讲解如何以客户为中心，列举市场上优秀标杆企业的实践和做法。同时通过前期调研访谈，采集本企业案例融入课程。课程结束给大家布置作业，让大家对身边的以客户为中心或违背这一原则的典型事件进行总结，以案例形式上交。

（2）成立"以客户为中心"专题改善小组，责成小组开展深入的调研并集思广益，将问题拆解成若干个子课题，例如"如何打破研发人员的惯性思维""如何将市场侧客户需求有效导入研发立项"等。然后各课题小组分别拿出建议方案和行动计划，向管理层汇报获批后实行，实行一段时间后监测实施效果。

（3）推出面向研发、产品线同事的训战。简单来说，就是把这些部门的老同事或者一定级别以上的专家，组团派驻某一个县域市场2～3个月，直接加入当地作战部队，承担实际任务角色，对市场拓展销量和份额提升直接负责，并立下军令状，明确要办多少次市场活动，要升级多少个门店的形象，要把总销量提升到多少。过程中由当地办事处经理负责安排落实并给予定期辅导，研发人员回到自己部门后需要面向业务领导、专家、HRBP进行答辩，汇报自己在此期间的具体业务结果、收获与成长，要突出自己对市场和消费者的新理解、新认识。通过这种方式增加他们对一线和市场的敏锐度，同时拓宽他们的眼界，使他们的工作更好地对准一线实际情况和客户需求。

不知你的选择会是哪一个。说实话，上述三个选择各有优劣，但华为选的是（3），这个选择正是华为终端内部大名鼎鼎的西点训战。华为长期坚持这种做法，把研发骨干派驻到县级市场，一方面可以助力市场拓展，另一方面可以转变队伍的思维和意识。这些人回到各个研究所，会像蒲公英一样，把以客户为中心的意识传播和扩散出去，最终形成牢不可破的组织共识。

之前给一家规模很大的企业大学分享华为训战的方法,不少学员课间过来跟我交流:"庞老师,你说华为的训战跟行动学习有什么差别?"以上案例将有助于我们理解这个重要的问题,选择(3)是训战,而选择(2)则是行动学习的做法。

训战与行动学习的三同三异

首先,我们来看什么是行动学习,因为大家对它的接受认识比较早。可能相对来讲,很多同行对它理解得也许更全面一些。简单来讲,行动学习是由英文 action learning 翻译过来的。按照《行动学习实战指南》作者石鑫的说法,行动学习是"一个多元化小组,在促动师引导带领下,通过质疑与反思、行动验证,解决组织实际存在的复杂难题,在此过程中实现个人及组织的学习与发展"。你可以把它看成一个五环构成的循环(见图 12-1)。

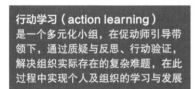

图 12-1　行动学习概览图

行动学习的起点是被组织识别出来的，对于一些复杂的、没有现成答案的焦点问题，五环中称为"**问**"。团队围绕这些问题开展深度的思考"**思**"，在引导师、促动师的带领下进行头脑激荡、研讨思辨，这是"**辨**"。接下来要拿出行动计划和落地方案去尝试操作"**行**"，在这个过程中围绕拿出行动方案和解决复杂难题开展相应的赋能和学习，是其中的"**学**"。

一个典型的行动学习的问题会是什么样子？比如"如何提高××电池的良品率"，这是生产质量领域的一个题目；"如何实现与渠道商合作共赢"，这是营销渠道管理中的一个业务难题；或者说"房产公司如何做好全员营销"，这是在业务转型下的一个真实的业务问题。我们会看到，所有业务问题的背后都是现实业务诉求，同时又比较复杂，在当前的业务组织环境下没有现成答案。如果你仔细审视以上三个问题，可能会发现解决问题的关键都在于重新梳理机制流程，这要做非常有深度的思考和研讨思辨。要先拆解这些问题，然后确定解决的方向，再逐步细化为行动解决方案。而其中可能只有很少一部分真正涉及对员工的训练和行为的改变。这时方向大多是模糊的，非常需要头脑层面的一些激荡和思辨。

从前面对行动学习的介绍和对训战的解析，我们不难看出西点训战和行动学习的共性与差异（见表 12-1）。

表 12-1　西点训战和行动学习的共性与差异

异同	比较项	西点训战	行动学习
共性	作用	都是有效的学习和赋能方式	
	特色	充分利用和放大了实战的优势	
	输出	都需要产出结果并对结果检验和评估	

（续）

异同	比较项	西点训战	行动学习
差异	目的和定位	围绕关键业务场景快速批量化赋能	围绕业务问题解决，顺带发展人员能力
	面向问题	多数是现岗、基本明确问题	多数是跨职能、不确定复杂问题
	过程精细度和参与人群	因为同岗位工作贴合紧，适用人群比较广泛，从低到高均可	因为需要另立课题驱动及跟进，通常参与范围为中高级管理者或高潜人员

两者的共性

（1）**在作用方面两者都可以作为有效的学习和赋能方式**。无论是西点训战的短期项目历练，还是行动学习围绕组织复杂课题的拆解和行动验证，都可以加速员工的学习和成长。

（2）**两者都充分利用和放大了实战的优势**。两种方式都紧密围绕实际问题，西点训战是直接进入跨领域战场，在全真的作战环境下体验和直面任务挑战；行动学习通常也是围绕组织目前关心的实际问题开展深度研讨和反思，制订出解决方案，而且还要落地验证。它们跟一些需要跨情境举一反三的学习和培训，例如拓展、游戏化学习，都形成了鲜明对照。

（3）**两者都要产出结果，需要经过检验和评估**。学习的成果都需要经过组织的评定，西点训战是需要参与答辩评审，而行动学习通常由课题评审委员会（通常为提出并关心课题产出的企业资深管理者）进行阶段性的评审，而且经典的行动学习项目还要对最终的方案落地效果进行评估。检验和评估保证了学习的成效以及质量，反过来会倒逼学习效率以及思考深度的提升。

两者的差异

（1）**目的和定位**。西点训战的目的在于当面临业务或角色的转型时，采用规模化、批量化方式为业务人员快速赋能；行动学习的着眼点则首先在于组织业务问题的梳理和解决，顺带发展参与者的能力。换言之，西点训战关心对准业务诉求的快速赋能，行动学习关心瞄准业务难题解决过程中顺带提升能力。

（2）**面向问题**。西点训战因为着眼点在于快速为组织赋能，所以往往瞄准的是现岗问题或者岗位转型后将面临的确定性问题。西点训战案例中是研发和业务支持岗位缺乏以客户为中心的视角以及工作脱离一线的问题。行动学习因为其突出价值就在于解决业务难题，所以经常对准的是组织内部不规范课题、复杂难题。总之不确定性大、协作需求高、没有先例可循的业务问题，最适合开展行动学习。

这样的差别带来的影响是，西点训战通常不需要额外创造或提炼一个问题给学员，因为问题是目前现实存在而且较为确定的，所以可以更有效率地批量进入学习，而行动学习通常需要额外提炼和归纳课题，提出问题的质量本身就是行动学习成败的核心要素。

（3）**过程精细度和参与人群**。搞清了前面的目的和定位以及面向问题的差别，就可以看出，西点训战比较在意批量复制和效率，不太在意过程的精细化管理，更不是特别在意一个具体学员的学习过程是否有效，西点训战的参与人数算比较少的，华为的战略预备队轮训动辄好几千人，根本管不了那么细。当然，这也与华为的选拔制人才培养理念有关，公司提供学习资源，个人能不能学到，多快能够学到，更大的责任不在于公司而在于学习者本人。

做过行动学习项目的伙伴都知道，行动学习过程中有大量的非标准动作，无论是课题厘定，还是小组组建、学习教练引导、阶段性汇报、解决方案试点，都需要非常精细的设计和把控，所以一次行动学习参与的人数是有限的，通常在几十人，这也是经典的行动学习基本上只能面向高潜、核心岗位的根本原因，实在是太耗人力和心力了。

当然，通过以上对比，我并不是说训战优而行动学习劣。在我看来两者没有孰优孰劣，都是人才培养与发展的有力工具，很多时候，将两者合而为一，能够起到更大的作用。例如在开篇华为的西点训战案例里，如果你还不像华为一样对行动的方向足够确定和有信念，那么你就可以通过行动学习去梳理方向，而行动学习的项目里，也可以搭配训战的方式去落地验证和做好后期的推广。不管怎么说，训对准战，仗怎么打，兵就怎么练，实战实效，始终是业务赋能的不二法门。

训战与绩效改进的联动

相比训战和行动学习之间相辅相成的关系，训战与绩效改进之间的关系要显得更为复杂一些。从本质上来讲，训战和绩效改进服务的目的是不太一样的，绩效改进更多的是用来解决绩效问题的，它的着眼点基本上完全放在了事情上。而训战的出发点其实是把训练和实战结合在一起，大规模地为人员赋能，从而支持业务发展，采用的是转人磨芯、人事兼顾的思路。所以训战与绩效改进之间是一种有区别又有联动的关系。

一个典型的绩效改进项目，比如零售店铺的转化率、连带率提升，制造领域里的良品率提升，物流部门配送效率提升，基本上关注的都是问题指标本身的改善和解决，而人员能力的附带提升在这个过程中基本上是可有可无，或者说大家不太关注的。但是启动一个这样的训战项目，往往意味着项目发起人和组织希望在改善业务问题的同时，还要关注和提升人的能力，那么在这个过程中就会涉及对人员进行必要的赋能，提供一些必要的工具，给予实战演练和辅导反馈的机会等，需要把它们放进来同步考虑。

绩效改进强调多层次、系统化地找寻绩效问题的解决方案，其出发点就是为了打破就培训赋能谈培训赋能的局限，因此绩效改进中有一个著名的原则叫"先技控，后人控"，本意就是要摆脱对人的能力、动机等的依赖，找到不依赖人的杠杆，利用这些杠杆去撬动业绩。下面我们通过一个生活中的小例子来体会一下绩效改进的本质。

我家入户空间不大，却常年堆满了家人的各种鞋子，有时甚至绊倒进出的老人和客人。家里老人对此深感苦恼，想了各种办法，不停地催促、讲道理、勤整理，但问题一直没有改善。直到我们从网上采购了两个鞋架，鞋子可以轻轻松松、整整齐齐码在上面，这个问题迎刃而解。在这里，待改进绩效问题是鞋子堆得乱七八糟，影响客人观感还给家人进出带来隐患。虽然从讲道理、进行督促等方面想了一系列办法，但是问题依然没有解决。那两个袖珍鞋架就是绩效改进的干预手段，完全不依赖人的自觉性和能力改善，却达到了一劳永逸的效果（见图12-2）。

图 12-2　鞋架对于入户凌乱问题的助益

然而，因为绩效改进不局限于赋能和培训，问题的诊断和干预经常需要调动业务部门深度参与，所以大多数情况下，实施绩效改进项目，企业 HR 或培训部门需要获得业务部门的深度支持和授权，而训战大体上可以在企业大学和 HR 部门职权范围内得到落实和解决。

当然，训战和绩效改进也可以协同起来。在我看来，它们的协同空间主要包括两方面。

第一，训战项目的日常化、在岗化。如果把有些对准业绩指标改善的训战项目的周期适度延长，从集中的实战演练一直延展到在自己实际工作岗位中的转化落地应用，那么它就自然演变成了一个绩效改进项目。比如前面（详见第 1 章开篇）举的华为全场景训战的例子，一般周期是一周。后来我们发现，这一周结束之后，有些经销商会主动要求他的门店人员在岗延续，并且去追踪这个过程中的数据表现，跟进重要指标的进展和差距，并不断加以分析，找到背后的原因。这部分在岗实战虽然不是我们设计项目时要求的,但这就自然而然转化成了一个绩效改进项目。

第二,敏捷绩效改进项目的兴起。我们看到业内已经有一些企业借鉴绩效改进的思路,同时融入训战的理念,实践敏捷绩效改进的训战,下面我们看一家制药企业的案例。

某知名药企 A 围绕一个精准的业务场景,一方面调研获取推进该业务场景的典型痛点难点,一方面召集各区域优秀业务专家提炼他们的成功关键业务动作,然后召集区域业务专家组建 21 天打卡训战营,他们的上级作为导师也都参与进来。每天业务专家在日常拜访中尝试应用这些关键业务动作,并记录数据进行打卡;每晚进行线上的复盘总结和交流,迅速对当日拜访进行回顾并对关键动作进行纠偏和调整。而项目组则在后台抓取打卡数据做定量分析,找到并推广最有效的业务动作,放弃或修订无效的业务动作,并且在线上开展必要的运营,每周做一次集中的数据反馈和关键业务动作经验分享。结果到 21 天结束时,单次拜访改进效果远远超越了管理层预期。

这个案例是一个非典型绩效改进项目,说它非典型是因为它没有在根因挖掘上花费太多时间,而是力求找到同一环境条件下绩效标杆的关键动作,短平快地复制推广。我跟对方交流时发现,他们在内部专业交流时将其称为敏捷绩效改进项目,而在内部面向业务部门沟通时将其叫作训战项目。他们认为**训**在这里的体现就是基于组织经验的萃取提炼,总结整理了关键业务动作,给大家输入了一些简单的工具和方法,并且每天基于实战进行复盘交流。而**战**就是在自己实际工作岗位上以 21 天为单位持续巩固，将行为固化。所以，在他们看来，这就是一个训战结合的范例。我关注到这样一种有趣的认识和看法后，跟这家企业的销售培训总监张劭华老师做了一次在线交流。征得他的同意，我把我们的对话附在下面，供大家参考和体会。

我：张老师，我想跟你聊聊训战营这个名称，如果按照原名，它应该叫××业绩改善、经营改进之类的。而这里你们用了训战这个名称，我想知道你们的团队，包括业务团队，到底怎么理解训战营？在你看来，为什么项目冠以这样一个名字，就更容易被接受？大家认同的点在哪里？

张劭华：我们在内部做绩效改进已经很多年了，其中有一年，应该是2019年，我们的一位高管到一个区域走访，刚好是我们下面的一个团队伙伴去汇报工作，他就提到了绩效改进。那位高管问了半天什么是绩效改进？为什么要做绩效改进？他就不停地解释，费了很大的力气。所以有了那次经历之后，我建议我们组织里做项目时不用再谈绩效改进，省得你还要告诉内部同事这是什么，因为你在解释的过程中，大家又有新的疑问，你又得去解释，这个过程链路就有点长。训战这个名称推出之后，大家就很容易理解。

我：原来是这样啊。

张劭华：因为我印象里，我们很多一线经理自己做项目总结的时候就喜欢用这个名字，很多一线、二线经理对训战有自己的理解，他们自己有一种解释：白天战、做业务，算是实际应用，晚上就开始训（复盘、经验分享）了，训是为了更好地战，战是为了更好、更有针对性地训。我觉得他们这个理解比光说一个名字（绩效改进），或者提出这个想法，可能体会更深一点。

我：那如果让你现在转身成为一个外部的顾问，跟外部不太了解的企业去谈，假如你想让他接受这套敏捷绩效改进的思路、工具、方法，那你会用什么概念去跟他讲？

张劭华：如果现在谈第一反应，我觉得我就是要给你做一个有结果的训战营，我不会谈什么绩效改进。为什么我们用两张皮——有的用训战营，有的用绩效改进？我们面对专业领域、我们的HR或者做这个项目的人，用敏捷绩效改进，因为这个概念对这些人其实已经不陌生了，这几年市场教育得已经足够了，但对非专业的业务部门我就会叫训战营。

从以上案例和对话可以看出，敏捷绩效改进项目的确暗合了训战的理念和思路，通过组织对准业务场景的在岗实战，把训的过程融合在实战里，最终实现业务突破。而且，这种训战几乎完全是对准解决业务问题、实现业绩改善的，对人员能力提升关注不多，但这符合组织实际需求。因为很多情况下，企业的高管其实对企业大学和培训部门的真实诉求就是想办法帮忙提升业绩，只是传统上绝大部分学习部门做不到，业务部门慢慢也就断了这个念想，而这里所说的敏捷绩效改进或者说敏捷绩效改进训战营就为学习部门提供了一种全新的思路和武器。

训战与行动学习和绩效改进的统合增效

搞清了训战与行动学习和绩效改进的异同之后，我们可以把它们看成不同的武器，如何把这些武器统合起来构建我们自己的弹药库，让我们更加灵活自如？下面分享一个案例。

A公司是一家知名的高端羊奶粉公司，这两年羊奶粉在小范围内比较受欢迎。因为羊奶被认为分子颗粒小，比牛奶更容易吸收，所以这两年受到了很多高端消费者的青睐。A公司最开始的想法是在一些目标城市自建终端来售卖自己的高端羊奶粉，可是，试着建了一些终端运作一段时间后，发现这个想法并不成立。因为消费者并没有养成到固定的地点买高端羊奶粉的购物习惯，所以自建终端这条路就被内部毙了。

这时公司的项目小组就在内部做了一次复盘，总结了前期试点的一些经验，大家针对一些突出问题进行集思广益和研讨，复盘会上还探讨了下一步的方向。来自一线和区域的一些业务管理者提出，接下来可以聚焦两个方向去探索：从自建终端到走进社区，找一些目标消费者比较集中的高档社区，直接落地推广；在这些高端消费人群比较活跃的周边网点，建立自己的专柜，更有效同时也更经济地触达消费者。

很明显，这部分就是简单的行动学习，当大家处于一片混沌时围绕复杂的业务问题集思广益，梳理方向，凝聚共识。

到这里为止，他们已经有了初步的业务规划和方向，大家按照自己对业务的理解判断这些方向没有太大的问题。从这里开始，我建议他们转入训战的过程（见图12-3）。

既然走进社区的大方向已经定了，接下来就可以抽调精兵强将，组成几支训战小分队，为此配置足够的人手和资源，挑选合适的城市，筛选确定匹配的目标社区。然后实打实地去跟物业谈合作，尝试进入社区布场、摆摊、售卖，添加目标消费者意向人群的微信，在线开展运营转

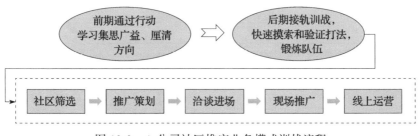

图 12-3　A 公司社区推广业务模式训战流程

化。把这些想法都实际操作一遍，看看哪些部分是可行的，哪些部分不可行，不可行的部分如何再进行优化和调整。由于整个过程都是在一线面对真实的战场和消费者完成的，所以信息收集反馈的链条和转化周期都大为缩短，这样就可以迅速地调整自己的想法，再进行优化。而且通过这样一个训战，不光摸索出了未来业务要怎么做，也锻炼了自己的队伍。凡是参与这个项目、跟一线有接触的人，在推广和操盘这个业务的过程中都得到了很好的历练，很好地体会到了来自一线的客户和消费者洞察，对其中的一些关键节点的理解也更加深刻。我给他们的后续建议是，这种训战方式可以固定下来，让公司招募的年轻有活力的管培生也参与进来，发挥他们的创意和才智，同时这对他们而言也是一次非常好的锻炼。后来，他们又把这种方式拓展到周边网点建合营专柜的探索中去，也取得了不错的效果。

这就是训战和行动学习的协同。在第一阶段，当业务方向还不是很清楚的时候，先通过行动学习，集思广益，找到可行的方向，当有了大致的方向之后，就可以借助训战这种方式，更快地转入实际战场，在战场作战的过程中，边开枪边调整，打磨改进自己的行动方案并总结经验，不断将其迭代优化。行动学习和训战在不同业务发展阶段适配情况如图 12-4 所示。

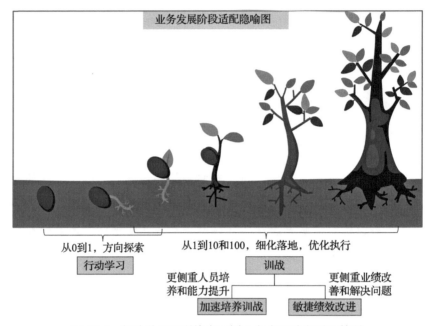

图 12-4　行动学习和训战在不同业务发展阶段适配情况

当然以上案例还没有涉及绩效改进的部分。按照我的设想，等他们跑了一段时间之后，如果把走进社区变成一个稳定可靠的推广模式，那么慢慢就会遇到效率要如何不断提升，如何才能实现更优质的获客，如何提升转化率和客单价等问题，围绕这些问题中具体指标的改善，实际上是可以发起相应的绩效改进项目的。当然，在我看来，这种项目在执行过程中，项目组既要利用绩效改进的一些成熟的流程诊断工具、方法，也要突出强调跟一线实战的结合，让很多问题在实战中暴露出来，从而收集数据去研究到底怎么改进。如果把专门的项目组配置在这个位置上，让他们主导完成这个绩效改进的过程，亲历从数据分析到最后改善的过程，那么这对他们的能力本身也是很大的提升和锻炼。所以从这里你就可以体会到本章要义——训战可以跟行动学习和绩效改进实现有机的融合，各展所长，最终实现 1+1>2 的效果。

附录 A

训战在其他企业实践的案例

网易基于真实迷你项目的校招生产品训战

这在网易是一个保留的新人加速成长和培养项目,最早发端于网易游戏部门,每年为了迎接到来的校招生,网易都会启动这样一个简单的为期 6 周(最初为 2～3 个月)的基于迷你项目的训战(见图 A-1)。

图 A-1 网易校招生迷你项目团队训战

整个项目分成五个环节。

第一个环节：课题征集与筛选。首先在业务部门内部征集真实的课题，一般从四个方面来进行筛选：商业性、逻辑性、创新性、可行性，最后筛出一些具有真实的业务价值，同时适合用来做训战模拟的课题。

第二个环节：课题双选会。进入课题双选会环节，业务部门要负责对课题进行宣讲，介绍课题各方面的价值、可行性等。让校招的新员工自愿揭榜，进行双向匹配，同时对项目进行立项。

第三个环节：组队开发及评审。团队组建在这个阶段完成，原则上 10～12 位学员为一组，岗位职能包括 PM（项目管理）、产品、交互、视觉、前端、客户端、服务端开发、QA（质量保证）等。每个课题将会配备一名顾问，协助小组确定产品大方向，并解决项目过程中的问题。同时，HR 会在该过程中按阶段组织进行质量保障评审、技术评审、视觉交互评审、产品评审等多方位评审，帮助学员不断打磨完善其作品。

第四个环节：O2O 推广及用户运营。在这个环节中，项目小组要围绕开发出来的产品或者游戏进行线上线下推广，试着在公司内外积累用户，并且收集用户的评价和数据。

第五个环节：终审路演。项目终审过程中，HR 会组织公司内部多个业务部门的主管以及学员导师一起对学员的迷你项目进行最终的评审，从中评选出最佳人气、最佳产品、最佳技术 3 个奖项。优秀项目有可能被公司采纳，进入正式开发运营阶段。图 A-1 中的图片就展现了终审环节的那种空前盛况，大家都前来围观，像电竞比赛一样进行展示评比，吸引大家关注和参与。

所以整个过程都是基于真实的业务需求，打造一个真实的产品开发场景，组队高压进行较量，同时还提供了优秀作品实际孵化落地的机会。

在这个过程中，这 10～12 个人就提前全真地感受到了未来进入游戏开发工作中所面临的各种各样的场景和挑战，跟我们前面所讲的华为对产品经理的提前塑造有异曲同工的地方。

在迷你项目里，新人可以自己立项，有充分自由的创造空间，可以用网易最新的技术、真实项目的研发流程。这些项目主要用于给新人提供实战的环境，项目做砸了也没关系，因为这种实践安排的主要目的还是让学员获得成长。当然做得好的迷你项目网易也会直接立项，面向市场。

某知名互联网企业销售团队训战

2019 年，大批互联网企业宣布从消费互联网向产业互联网转型。

如今，某知名互联网企业 T 也加入这一行列——去啃商家，尤其是中小商家们的"硬骨头"，通过推动餐饮数字化，打造以外卖平台为中心的本地生活数字化服务的新护城河。作为一项长久的系统工程，在这个过程中结合自己的外卖业务链条，T 企业向商户推荐自家收银、客户管理等 SaaS 软件及解决方案。谁能占领这片市场，谁就能跑赢餐饮行业的下半场，在这个过程中销售团队打硬仗的能力很重要，需要从原来熟悉的以铺面为主的利益销售、说服式销售转向更加精准深入的简单版解决方案销售，销售训战演练赛一体项目应运而生。

为提升销售团队解决方案销售能力，助力业务突破，T 企业的销售培训团队借鉴华为训战 2.0 的理念，设计了一个场景化，基于真实业务案例的学、练、考、赛一体化的销售训战演练对抗赛项目。

如表 A-1 所示，这个项目分成 4 个步骤，分别是学、练、考、赛，现场集训时间一共 3 天。

表 A-1 销售训战演练赛流程

任务	步骤	关键内容	方式
深挖客户需求，简述解决方案	学 线上学知识	1. 自学 2. 现场考核 3. 知识串讲 4. 现场考核	以考促学
	练 线下练技能	1. 讲一步，练一步 2. 全流程练习 3. 专家示范 4. 学员练习	说明、示范、练习、反馈
	考 场景化、标准化	1. 抽取案例备考 2. 现场考核	情景演练
	赛 实战演练、学以致用	1. 定目标出征 2. 实时战报 3. 复盘总结	实战

（1）**学知识**。以"深挖客户需求，简述解决方案"的训战主题任务为例，学员线上提前自学基础的产品知识和应知应会的内容，集训第一天上午的第一个环节就是接受考试，时间 40 分钟，之后后台会立即花 20 分钟统计成绩及易错题与知识要点。第一天上午的剩余时间，业务专家将不会再花时间对基础知识做系统讲解，而只会对高频出错内容做一次简单的知识串讲，知识考试将作为本次销售能力认证的一部分，第一天上午考试未通过学员晚上将有一次补考机会。

（2）**练技能**。这部分围绕简化版解决方案销售的流程，将深挖需求和简述方案的关键环节拆解出来，在线下讲一步，练一步，每一个演练都遵循这样的流程：首先是针对演练的说明，然后由业务专家做必要的示范，之后由学员进行模拟演练和角色扮演，最后设置专门的反馈答疑环节。

（3）**做考核**。再接下来就是现场基于真实情景演练的模拟考评，现场会分别设置能力认证区、考官评分区以及客户扮演等待区，会设置一个又一个独立的房间，门上张贴有标记，如"请勿打扰""可拜访"，区域有标识，如"洗菜区""厨房重地、谢绝入内""洽谈区"等，这都是为了模拟拜访真实餐饮商户的那种场景感。

所有的情景演练案例由考官提前从案例库中抽取，在第一天晚上分配给参与演练和销售认证的学员。为了体验更丰富的实战情景，也为了结果更加客观公正，每个学员将会抽取两个案例以参加第二天的情景模拟认证，学员将拿到销售案例背景信息（示例见图 A-2）。该案例信息与销售人员正常拜访商户时可以从大众点评等平台和自家系统获取的数据和信息一致，可以让学员对这个商户的生意情况有一个大体的了解。他有一个晚上的时间来准备第二天的销售技能认证，模拟演练用到的工具表单以及认证评分标准也会提前给学员以便对齐目标。

第二天，各个小组的组员同步接受技能认证。认证时扮演商户老板的同事只需根据角色指引专注角色扮演，他们会站在商户真实经营的角度，用一些比较明确聚焦的问题去提问。学员需要根据这些问题，结合对商户经营情况以及自身产品的理解，应用前一天所教的简单解决方案销售的技能要点去挖需求和做方案简述，而认证考官则在角落里观摩学员表现，并在评分表上进行量化的评估和打分。销售学员分成战队，在组内要进行成绩排名，至少每个人要上场一次，根据进展计算总体得分，但是接受考核的过程是以个体为单位独自完成的。

认证官使用	▓▓▓▓金牌茶餐厅		

品类服务：中餐/广式正餐　　　餐段：午餐、晚餐
开业日期：2020年6月　　　　营业时段：9:00—23:00
所处商圈：工作区　　　　　　桌台数：19
店铺面积：120平方米　　　　 客位数：60

品牌信息	××××		
餐厅地址	××××		
盈亏状况预估	盈利		
员工人数	14人	日均入客数（堂食）	650左右
付费模式	先用餐后结账	是否开通外卖	是
点餐下单流程	扫码点餐，服务员送餐到桌		
日均营业额（元）	40 000左右	日均单量（堂食+外卖）	300
人均消费（元）	65	毛利率	65%左右
会员数量	5 200个微会员，无储值	会员活动和效果	无
点评星级	3.87	点评差评核心问题点	服务差、排队久
外卖评分	4.2	外卖差评核心问题点	菜品品质差

图 A-2　T 企业模拟演练销售案例信息示例

当晚会公布销售技能模拟演练评估认证的结果，未通过学员后续将有一次补考机会，如果知识考核和模拟演练考核合并分数在补考后仍不能达标，学员将面临调岗乃至解约的压力。

（4）出街战。最后一个环节是第三天出街拜访真实商户的实战，项目组会跟集训演练所在城市的销售同事提前确定目标拜访商户，然后提前拉取合适客户的资料，给到受训销售人员，并邀请所在城市销售人员跟学员1对1结成对子。接下来销售人员结成的对子实际出征去拜访商户，事先跟大家确认，整个过程是以学员为主进行沟通，争取拿到商户签约，当晚就进行复盘总结。关于出街战，具体的安排和指引如下：

◇ 本次作战为团队作战，目的是尽可能多地签约商户，优质店铺成交数量最高的小组获胜，共有8小组。

◇ 小组内的每名学员都需要参与至少一次销售拜访，小组内每人担任销售的次数最多为两次，超出拜访次数的学员，即使成交也不纳入最终成绩统计。

◇ 各小组内可自行筛选店铺，并按照预约的时间进行小组拜访，全天拜访店铺数量 ≥ 10，否则小组任务失败，整体不计入成绩。

从以上整个过程可以看出来，设计是非常清晰、精细的。从学知识到练技能，再到模拟的情境演练，一环扣一环，帮销售学员做好了武装和准备。在这种情况之下，带着满满的工具方法、心得体会和必胜的信心，出征商户，拿到理想的生意结果，回来进行复盘和总结。这个演练赛把训战中的训练、实战、复盘非常好地结合在一起，而且有力地支持了销售组织销售模式的转型，即由传统的扫荡式利益销售转向精准的简单解决方案销售。前两个落地集训城市在第三天平均开单量超过 100，其中在 C 市的当日开单量竟然占到了全国当日开单量的 1/3，因此该项目受到了公司销售管理团队的大力表彰和嘉奖。

附录 B

华为训战的精品培训

系统学习并参加课程培训是了解华为训战，将其运用在企业学习设计及人才培养实践中最快速有效的方法。以下课程是笔者结合华为训战项目实践，精心设计，并且在不同类型企业落地验证过的精品课。目前所列为通用版本培训课程，以下课题，相关内容、案例、演练均可根据企业实际情况进行定制和调整，也可以拓展成相应的微咨询和辅导项目。

业务赋能项目设计偏向于整体学习项目的思路梳理与框架搭建，服务于对训战整体方法的把握以及学习或人才项目的规划；4C 组织经验萃取偏向于应用华为知识收割的方法，产出明确的知识成果，譬如业务课程、专题实战手册、案例、工具、方法等；场景化课程开发工作坊偏向于对准业务实战场景，直接开发出落地实用的精品课程，属于无须规划学习项目，直接开发具体课程的简单情形，或者项目思路已经梳理清楚后，主要围绕明确主题开展课程开发的场景。

训战结合的业务赋能项目设计

课程收益

◇ 深入了解华为训战结合2.0的学习理念及为业务赋能的训战项目设计思路

◇ 上下左右对齐对训战项目概念和成败关键点的认知

◇ 掌握顶层业务需求解析的三个层次和五步思路

◇ 能够识别和还原两种类型的关键工作任务及业务场景

◇ 掌握以考促训、实战演练的设计开发方法以推进赋能落地

课程摘要

◇ 两个华为内外经典案例介绍训战"仗怎么打，兵怎么练"的真正内涵

◇ 四类业务训战和两类领导力训战基本涵盖了常见赋能关键场景

◇ 华为训战的五段15步设计流程剖析及背后的铁三角机制

◇ 项目需求倒着剖析，训战项目需求的"意任果量"逻辑

◇ 任务场景是训战区别于传统培训的最大差异和根本抓手

◇ 实战演练和以考促训，既能练兵备战，也能助力业务发育

◇ 项目运营和效果评价的一个模型、两张表单

◇ 设计训战项目的四张画布和全景图

课程要点（见表 B-1）

表 B-1　业务赋能项目设计课程要点

工作坊模块	内容要点
前言＋理解训战内涵	• 案例：华为借助训战突破 IoT 全场景销售 • 案例：互联网企业的销售模式转型训战赛 • 训战的含义及华为主要应用场景 • 理解训战内核需要把握三个"从到" 　➢ 从学以致用到用以致学 　➢ 从能力素质到任务场景 　➢ 从坐而论道到实战演练 • 研讨：你眼中的训战及如何落地适配
解析项目需求	• 华为训战服务的五大核心业务场景 • 四种类型的业务训战及两种类型的领导力训战 • 梳理业务需求和结果的"意任果量"四维工具表单 • 内部客户需求的三个层次 • 五步三表搞定项目需求调研 • 演练：梳理训战项目需求及产出
还原作战场景	• 任务和场景的联系与区别 • 如何聚焦关键任务场景 • 案例：海外总经理训战赋能 • 演练：筛选和拆解你的关键任务 • 工作任务的两种常见分类：流程型任务和综合型任务 • 案例：提升 HR 服务温度训战任务场景拆解 • 综合型任务的场景还原要点 • 流程型任务的场景还原要点 • 演练：四个维度还原任务场景 • 区分业务目标和学习目标 • 描述学习目标的 ABCD 公式

（续）

工作坊模块	内容要点
设计实战演练	• 华为训战的常见六种训练方式 • 案例：华为终端研发的西点训战 • 实战演练设计的六大原则 • 实战演练开发五步法 • 实战演练点梳理的工具模板 • 演练：设计你的实战演练框架 • 重新认识考试和以考促训 • 案例：华为考军长与海外总经理经营效益改进 • 以考促训设计的四步思路 • 演练：针对你的赋能项目设计以考促训
推进效果检核	• 华为大学的工作评价 • 学习成果的六种类型及评估方法 • 华为训战的两种最常见训后实战方式 • 案例：一个视频助推一筹莫展的项目 • 左右脑并用推进效果检核 • 演练：制定你的赋能项目效果检核思路
总结	• 训战的高阶蓝图全貌 • 课程总体逻辑回顾 • 下一步

源自训战的 4C 组织经验萃取

课程收益

◇ 深入了解华为训战结合 2.0 的学习理念及其中组织经验萃取所扮

演的角色
◇ 识别企业最需要经验萃取的四大关键时刻及六种典型业务场景
◇ 学会辨别四种不同类型复杂度的任务，进行场景还原
◇ S.C.A.R.E 专家智慧挖宝图及淘金七问等 85 大实用工具一次奉上，帮你总结挖得出、用得上、能落地的专家经验成果
◇ 顺便学到工作中贴心实用的思维结构化和可视化呈现四大妙招，做任何工作都能用上

目标学员

◇ 企业内部学习发展与培训人员、资深内部培训师
◇ 希望总结并推广部门或关键岗位成功经验的业务管理者

课程要点（见表 B-2）

◇ 承担挖掘、整理自己最佳实践分享给他人任务的业务专家、技术专家

表 B-2　4C 组织经验萃取课程要点

课程模块	内容要点
训战 2.0 与场景化学习	• 全国企业学华为，华为学谁 • 华为训战的内涵以及五大工具 • 组织经验萃取 4C 双钻模型
C1：联结业务诉求	• 联结业务诉求的总体思路四问五定 • 你的企业最需要经验萃取的四大关键时刻 • 组织经验萃取项目显露迹象的六大业务线索 • 清晰描述项目方向的七维话术

（续）

课程模块	内容要点
C2：还原任务场景	• 经验萃取无法产生业务价值的三大症结 • 关键任务 + 典型场景 • 四种常见经验主题的关键任务拆解 • 还原任务场景的外衣 C.O.A.T • 个人项目案例演练
C3：萃取实践经验	• 萃取实践经验的 4+2 整体思路 • 如何找到靠谱真专家并激发热情 • 把握经验萃取的三类常见方式 • S.C.A.R.E 专家智慧挖宝图和深挖干货的淘金七问 • 三类结构化建模方式：图形化、口诀化、表单化 • 可视化呈现的十张图 • 个人项目案例演练
C4：转化落地成果	• 经验萃取项目价值显现的四大思路 • 经验萃取项目可以联通的六大人才发展场景 • 经验萃取的案例开发落地要点 • 经验萃取的课程开发落地要点 • 经验萃取的手册和工具开发落地要点 • 开发基于专家经验的工具的要点
高阶经验萃取的方法	• 面向新业务未充分实践领域的华为登舰方法 • 团队协同场景下的项目经验萃取 • 关键决策法等复杂认知领域经验萃取

训战结合的场景化课程开发工作坊

两天一晚直接带领企业课程开发团队一次性高效产出 5 ～ 8 门精品

实战化课程。

课程收益

◇ 在老师带领下，现场产出场景化课程课件 1.0 版
◇ 能够辨析和应用 T.R.I.P 敏捷课程开发流程
◇ 掌握选题和知识要点应用场景梳理的两种话术
◇ 辨析和应用搭建课程结构的一横一纵两套思路框架
◇ 理解知识要点的八种分类并能匹配套用合适的教学活动改善自己课程的交互性
◇ 能够应用图形、口诀、表单三类套路对自己课程的知识要点进行建模
◇ 学会给课程以及一二级目录命名的四种常用方法

目标学员

◇ 企业内部专兼职培训师
◇ 参与课程开发的内部业务、技术专家
◇ 课程设计师、学习设计人员

课程要点（见表 B-3）

表 B-3 场景化课程开发工作坊课程要点

课程模块	内容要点
课前作业	• 利用选题模板进行初步选题 • 基于模板整理课程目录及大纲初稿 • 选题及目录大纲反馈和点评

（续）

课程模块	内容要点
精准选题	• 区分培训目的与培训目标 • 厘清课程业务目的及背景的六种度话术 • 华为七大成人学习黄金法则与知识魔咒 • 梳理知识要点应用场景的五维话术 • 课前作业回顾及辅导点评
提炼内容之搭建草图	• 理解成人学习和记忆的三大要点 • 场景化课程一级目录搭建的五种方法 • 清晰梳理课程的四种根逻辑 • 现场实战演练及辅导 • 课程二级目录展开的四种底层逻辑 • 利用便利贴草图可视化梳理课程总体内容及骨架 • 现场实战演练及辅导 • 一级二级目录章节场景化取名
提炼内容之知识萃取	• 知识萃取建模的三种常见套路 • 给课程添加画龙点睛的短视频 • 整理开发课件 PPT 初稿 • 试讲及反馈点评
教学设计	• 课程知识要点的常见 4-3-1 分类 • 八类知识要点的教学活动设计策略 • 套用活动模板提升课程的交互性和参与度 • 用好在线互动直播课的十大经典教学活动 • 教学设计实战演练及辅导
打磨成果	• 针对任务/能力的实操演练编写要点 • 制定针对知识性主题的演练编写要点 • 给课程起一个朗朗上口的名字 • 后续优化行动建议

如果您对上述精品培训感兴趣，欲了解详情，欢迎垂询。

联系方式：pangtao79@outlook.com。

关注微信公众号"训战及经验萃取庞涛"，回复"训战培训"，了解详情。

参考文献

[1] 罗伊·波洛克,安德鲁·杰斐逊,卡尔霍恩·威克. 将培训转化为商业结果: 学习发展项目的 6Ds® 法则 [M]. 3 版. 学习项目与版权课程研究院, 译. 北京: 电子工业出版社, 2017.

[2] 尼克·米尔顿, 帕特里克·拉姆. 知识管理: 为业务绩效赋能 [M]. 吴庆海, 张丽娜, 译. 北京: 人民邮电出版社, 2018.

[3] 斯坦利·麦克里斯特尔, 等. 赋能: 打造应对不确定性的敏捷团队 [M]. 林爽喆, 译. 北京: 中信出版社, 2017.

[4] 詹姆斯·马奇. 经验的疆界(精装版)[M]. 丁丹, 译. 北京: 东方出版社, 2017.

[5] L W 安德森, 等. 学习、教学和评估的分类学 [M]. 皮连生, 译. 上海: 华东师范大学出版社, 2016.

[6] 哈罗德 D 斯托洛维奇, 艾瑞卡 J 吉普斯. 交互式培训: 让学习过程变得积极愉悦的成人培训新方法 [M]. 2 版. 屈云波, 王玉婷, 译. 北京: 企业管理出版社, 2019.

[7] 布莱恩·贝克尔, 马克·休斯里德, 理查德·贝蒂. 重新定义人才: 如何让人才转化为战略影响力 [M]. 曾佳, 康至军, 译. 杭州: 浙江人民出版社, 2016.

[8] 彼得 C 布朗, 亨利 L 罗迪格三世, 马克 A 麦克丹尼尔. 认知天性: 让学习轻

而易举的心理学规律[M]. 邓峰, 译. 北京：中信出版社, 2018.

[9] 路易斯 A 林德斯, 詹姆斯 A 厄斯金, 迈克尔 R 林德斯. 毅伟商学院案例学习[M]. 4 版. 赵向阳, 黄磊, 译. 北京：北京师范大学出版社, 2011.

[10] 朱莉·德克森. 认知设计：提升学习体验的艺术（原书第 2 版）[M]. 赵雨儿, 简驾, 译. 北京：机械工业出版社, 2016.

[11] 达纳·盖恩斯·罗宾逊, 等. 绩效咨询[M]. 3 版. 易虹, 张雪瓴, 译. 北京：电子工业出版社, 2016.

[12] 赫斯特·欧森, 玛格丽特·哈根. 工作需要仪式感[M]. 李心怡, 译. 北京：人民邮电出版社, 2020.

[13] 田涛, 吴春波. 下一个倒下的会不会是华为[M]. 北京：中信出版社, 2017.

[14] 华为大学. 熵减：华为活力之源[M]. 北京：中信出版社, 2019.

[15] 黄卫伟. 以奋斗者为本：华为公司人力资源管理纲要[M]. 北京：中信出版社, 2014.

[16] 吴建国. 华为团队工作法[M]. 北京：中信出版社, 2019.

[17] 李文德. 情境微课开发[M]. 北京：电子工业出版社, 2016.

[18] 吴声. 场景革命：重构人与商业的连接[M]. 北京：机械工业出版社, 2015.

[19] 葛明磊, 黄秋凤, 张丽华. 基于学习目标的企业培训课程设计与实施[J]. 中国人力资源开发, 2017, 11：98-107.

[20] 孙瑜. 前沿科技之脑机接口[OL]. 得到 App, 2018.

最新版
"日本经营之圣"稻盛和夫经营学系列
任正非、张瑞敏、孙正义、俞敏洪、陈春花、杨国安　联袂推荐

序号	书号	书名	作者
1	978-7-111-63557-4	干法	[日]稻盛和夫
2	978-7-111-59009-5	干法（口袋版）	[日]稻盛和夫
3	978-7-111-59953-1	干法（图解版）	[日]稻盛和夫
4	978-7-111-49824-7	干法（精装）	[日]稻盛和夫
5	978-7-111-47025-0	领导者的资质	[日]稻盛和夫
6	978-7-111-63438-6	领导者的资质（口袋版）	[日]稻盛和夫
7	978-7-111-50219-7	阿米巴经营（实战篇）	[日]森田直行
8	978-7-111-48914-6	调动员工积极性的七个关键	[日]稻盛和夫
9	978-7-111-54638-2	敬天爱人：从零开始的挑战	[日]稻盛和夫
10	978-7-111-54296-4	匠人匠心：愚直的坚持	[日]稻盛和夫 山中伸弥
11	978-7-111-57212-1	稻盛和夫谈经营：创造高收益与商业拓展	[日]稻盛和夫
12	978-7-111-57213-8	稻盛和夫谈经营：人才培养与企业传承	[日]稻盛和夫
13	978-7-111-59093-4	稻盛和夫经营学	[日]稻盛和夫
14	978-7-111-63157-6	稻盛和夫经营学（口袋版）	[日]稻盛和夫
15	978-7-111-59636-3	稻盛和夫哲学精要	[日]稻盛和夫
16	978-7-111-59303-4	稻盛哲学为什么激励人：擅用脑科学，带出好团队	[日]岩崎一郎
17	978-7-111-51021-5	拯救人类的哲学	[日]稻盛和夫 梅原猛
18	978-7-111-64261-9	六项精进实践	[日]村田忠嗣
19	978-7-111-61685-6	经营十二条实践	[日]村田忠嗣
20	978-7-111-67962-2	会计七原则实践	[日]村田忠嗣
21	978-7-111-66654-7	信任员工：用爱经营，构筑信赖的伙伴关系	[日]宫田博文
22	978-7-111-63999-2	与万物共生：低碳社会的发展观	[日]稻盛和夫
23	978-7-111-66076-7	与自然和谐：低碳社会的环境观	[日]稻盛和夫
24	978-7-111-70571-0	稻盛和夫如是说	[日]稻盛和夫
25	978-7-111-71820-8	哲学之刀：稻盛和夫笔下的"新日本 新经营"	[日]稻盛和夫

"日本经营之圣"稻盛和夫经营实录（共6卷）

跨越世纪的演讲实录，见证经营之圣的成功之路

书号	书名	作者
978-7-111-57079-0	赌在技术开发上	[日]稻盛和夫
978-7-111-57016-5	利他的经营哲学	[日]稻盛和夫
978-7-111-57081-3	企业成长战略	[日]稻盛和夫
978-7-111-59325-6	卓越企业的经营手法	[日]稻盛和夫
978-7-111-59184-9	企业家精神	[日]稻盛和夫
978-7-111-59238-9	企业经营的真谛	[日]稻盛和夫